Oscar Lenius

KLEINES SØR-BREVIER DER KLEIDUNGSPFLEGE

LIT

Redaktion: Frank Weber

3. Auflage 2006, 8.001 – 13.000

ISBN 3–8258–2694–5

Auslieferung/Verlagskontakt:
Fresnostr. 2 48159 Münster
Tel. +49 (0)251–62 03 20 Fax +49 (0)251–23 19 72
e-Mail: lit@lit-verlag.de http://www.lit-verlag.de

Inhalt

Vorwort

Die Lust am Alten, Ursprünglichen, Gelebten bricht sich in unserer Lifestyle-Gesellschaft des beginnenden 21. Jahrhunderts unaufhaltsam Bahn. *Der Schimmer der guten alten Welt* (Peter Paul Polte) wird zu einem wertvollen Konsumattribut: Alte Uhren und Gepäckstücke gehören zum selbstverständlichen *Look* der Wissenden. Auch die Kleidung von Gestern erfährt heute eine neue Wertschätzung: aus Second Hand wird Vintage – das Abgelegte der Anderen und auf Alt getrimmte Neue wird zum Modekult – übertroffen nur von den seit langen Jahren eingetragenen, persönlichen Unikaten, die eben ein Stück von uns selbst – und extrem *pflegebedürftig* sind. Kann doch das Alte heute und morgen nur getragen werden, wenn es sorgfältig gepflegt wird.

Zu dieser Pflege unserer zweiten Haut gibt das SØR Brevier nun, in vollständig überarbeiteter zweiter Auflage, wertvolle Ratschläge. Möge es allen nützen, die sich so sehr mit ihrer Kleidung identifizieren, daß sie diesen Teil ihrer selbst nicht mehr hergeben, sondern gepflegt weitertragen und vielleicht sogar geflickt auftragen wollen!

Für den Liebhaber ist die Würde der gepflegten und geflickten Kleidung unerreicht. Unabhängig von allen Vintage-Looks und Secondhandmoden ist sie Ausdruck und Begleiter unserer Lebensgeschichte. Pflegen wir unsere Kleidung schonend und nachhaltig. Sie wird es uns lange danken!

Oscar Lenius

Einleitung

Kleidung bedarf der sorgfältigen und regelmäßigen Pflege, wenn sie den Menschen über viele Jahre begleiten und zu seiner zweiten Haut werden soll. Nur wer über die Eigenschaften seines Kleidungsstückes genau informiert ist, kann es korrekt pflegen.

Regelmäßige, vorbeugende Pflege und richtige Aufbewahrung sind erste Grundsätze. Für jedes Kleidungsstück gibt es wichtige Regeln, die garantieren, daß der Besitzer lange Freude daran hat.

Bei der Fleckenentfernung sind Sorgfalt und Geduld gefragt. Die Entfernung von Verunreinigungen ist dem Stoff und der Fleckensubstanz anzupassen. Nicht jedes Mittel eignet sich für jeden Stoff. Nur die individuelle Behandlung der Verunreinigung unter Beachtung der Umweltverträglichkeit des gewählten Mittels verspricht schonenden Erfolg.

Das vorliegende Brevier erfüllt den vielfachen Wunsch, in übersichtlicher Weise alle hilfreichen Regeln der nachhaltigen Kleiderpflege zusammenzustellen. Das Büchlein versteht sich nicht als Schlußpunkt, sondern vielmehr als Auftakt, alle Pflegeempfehlungen zu sammeln.

Viele der Regeln sind von alters her überliefert, manche schienen schon fast vergessen. Das Brevier versammelt Binsenweisheiten und selten Gehörtes. Mal wird der Gebrauch der Regeln leicht von der Hand gehen, mal wird er mißlingen. Da sind die Regeln der Kleidungspflege wohl mit den Rezepten der guten Küche vergleichbar. Auf vieles ist zu achten: Intensität und Dauer, Temperatur und Materialien, Qualitäten und Quantitäten. Vielerlei muß ins richtige Verhältnis gesetzt werden!

Wir schöpfen aus der über 100jährigen Tradition unseres eigenen Hauses, den aktuellen Erfahrungen unserer Mitarbeiter und dem Wissensfundus der internationalen SØR-Kundschaft. Die persönliche Erfahrung ist jedoch unersetzlich. Umso willkommener sind Ihre Hinweise im Umgang mit hochwertiger Kleidung. Bitte senden Sie Ihre Empfehlungen direkt an:

Oscar Lenius, Neuer Wall 36, 20354 Hamburg.
e-mail: G.Weber@Lenius.com

Geschichtliches

Reinigungsbetriebe für Kleidungsstücke sind keine Erfindung der Moderne. Schon im alten Griechenland gab es derartige Einrichtungen – die Walkereien. Hauptsächlich wurde hier für das Walken der Kleidungsstücke gesorgt, d.h. für die Nachbehandlung von fertiggestellten Wollgeweben, die für warme Kleidung vorgesehen waren. Schriftliche Überlieferungen belegen jedoch, daß in diesen Werkstätten gegen eine geringe Gebühr außerdem für die Reinigung gesorgt wurde. Auch bei den Römern bildete sich ein gewerbsmäßig arbeitender Wäscherstand heraus: die Fullonen.

Die Regel freilich war, daß verschmutzte Kleidung zu Hause gewaschen wurde. Dies geschah im nahen Meer oder Fluß. Manchmal standen auch Wassertröge oder speziell angelegte Mulden vor dem Haus bereit. Das Waschen der Kleidung gehört von alters her zur Aufgabe der Frau und ihrer Dienerinnen.

Gemäß Dioskurides, einem griechischen Arzt aus der zweiten Hälfte des ersten Jahrhunderts nach Christus, wird zum Waschen Seifenkraut verwendet. Von dieser Pflanze, die der Familie der Nelkengewächse angehört, verarbeitet man nur die seifenhaltige Wurzel: die Seifenwurzel. Die Römer hingegen kennen als Reinigungsmittel auch Urin. Dieser wird in Kübeln gesammelt und entwickelt nach einer Art Gärungsprozeß Ammoniak, das reinigende Wirkung hat. Oft wurde noch

Fett beigegeben. Die Griechen und die Römer nutzten auch rohe Pottasche und Soda als Reinigungsmittel.

Zudem konnte Holzasche zum Waschen verwendet werden. Wenn sie mit heißem Wasser übergossen wurde, bildete sich eine Lauge, in der man die Wäsche einlegte und kochte. Dieses Verfahren entpuppte sich als sehr wirkungsvoll und wird noch heute verwendet.

Ein Beispiel für das Waschen von Kleidungsstücken findet sich auch in Homers Odyssee. Dort geht Nausikaa, die Tochter des Phäakenkönigs, mit ihren Freundinnen ans Meer: "Die große Wäsche findet in längeren Abständen statt. Alles in allem braucht man für sie einen ganzen Tag, der früh anfängt. Stück für Stück wird die Wäsche in die Mulden gelegt. Die natürliche Kraft des sich stets erneuernden Wassers wird durch die menschliche Kraft unterstützt: die Mädchen steigen in die Gruben und treten die Wäsche (wobei sie einen vergnüglichen Wettstreit austragen). Ein Waschmittel wird nicht benutzt. Wenn die einzelnen Teile durch die beständig spülende Bewegung des Wassers und das Stampfen und Walken der Mädchenfüße sauber sind, werden sie auf dem Trockenplatz ausgebreitet, in einer Reihe auf den Kieseln am Meeresstrand. Die Zeitspanne, in der die Wäsche dort in der Sonne trocknet, reicht zu Bad, Picknick und Spiel für die Wäscherinnen. Dann folgt das Zusammenlegen der Wäsche. Nach dem Rücktransport werden die Textilien sogleich ins Haus getragen."

Dort wurden die Kleidungsstücke, wie Homer weiter berichtet, sorgfältig gefaltet und in hölzernen Truhen aufbewahrt, die in den Vorratsräumen und den Gemächern der Frau standen. Wohlriechende Pflanzen oder Früchte, wie etwa Äpfel und Zitronen, wurden hinzugelegt, um Motten abzuschrecken. Die Truhen dienten vor allem der Aufbewahrung von Kleidungsstücken, die nicht täglich getragen wurden.

In 2000 Jahren hat sich natürlich vieles geändert – sowohl was die Kleidung als auch was ihre Pflege betrifft. Zwei Grundsätze der Griechen gelten jedoch heute noch. Zuerst sollten natürliche Mittel zur Reinigung verschmutzter Kleidung verwendet werden. Und bereits damals war bekannt, daß die ordentliche Pflege mit der korrekten Aufbewahrung der Kleidungsstücke im Haus beginnt.

Die erste Wäscherei in Deutschland soll 1855 in Hamburg aus einer früheren Bleicherei entstanden sein. Die Arbeitsweise war – verglichen mit heutigen Methoden – noch recht primitiv. Meist behalf man sich mit Bottichen und Spülbecken. In den 80er Jahren des vergangenen Jahrhunderts kamen dann die ersten Waschmaschinen aus den Vereinigten Staaten nach Europa. Am Anfang des 20. Jahrhunderts begannen auch einige renommierte deutsche Maschinenfabrikanten mit der Produktion von Waschmaschinen.

Etwa vor 150 Jahren begann man damit, chemische Mittel zur Reinigung von Kleidungsstücken einzusetzen. 1825 beispielsweise wurde in Frankreich zufällig die reinigende Wirkung von

Terpentin entdeckt. Die Entdeckung von Benzol brachte weiteren Fortschritt. Im Zuge der Entwicklung gelangte die chemische Reinigung auch nach Deutschland. 1844 wurde in Berlin die erste Reinigungsmaschine in Betrieb genommen. Als Lösungsmittel wurde gereinigtes Leichtbenzin verwendet.

Da man die Suche nach einem nichtbrennbaren Mittel vorantrieb, gelangen auf dem Gebiet der organischen Chemie einige wichtige Entdeckungen. So trat um die Jahrhundertwende Tetrachlorkohlenstoff als Fettlösemittel an die Stelle von Benzol. Heute werden 90 Prozent aller chemischen Reinigungsanlagen mit Perchoäthylen betrieben; die übrigen mit Kohlenwasserstoffen oder Benzin.

Pflegegrundsätze

Ob Anzug oder Hose, ob Pullover oder Lodenmantel – alle Kleidungsstücke haben eines gemeinsam: Eine angemessene Pflege bewahrt ihre Schönheit, und der Besitzer hat für lange Zeit Freude daran.

Zwei Dinge sind dabei besonders wichtig: Erstens muß ein bestimmtes Grundwissen über das Material vorhanden sein, denn nur so können grobe Fehler vermieden werden. Zweitens ist eine regelmäßige Pflege unentbehrlich.

SØR Pflegetip

Pflege muß vorbeugen.

Das Einlegen von Tragepausen und das korrekte Aufbewahren der Kleidung sind die wichtigsten Grundsätze der regelmäßigen Pflege. Feste Formbügel sind immer zu empfehlen. Und natürlich benötigt man Geduld – etwa beim Schuheputzen oder beim Bürsten von Hosen und Anzügen.

Der ideale Kleiderschrank ist geräumig und bietet Platz für alle Arten von Kleidungsstücken. Es muß eine stabile Stange vorhanden sein, die genügend Raum bietet. Anzüge, Hosen, Mäntel und Hemden hängen locker nebeneinander, auf keinen Fall gedrängt. Gürtel sollten ebenfalls möglichst aufgehängt werden. Rollt man sie ein, nehmen sie schnell Schneckenform an.

Die übrigen Fächer für Leibwäsche, Socken, Strümpfe und Pullover müssen so groß sein, daß die Sachen nicht zerknittert oder gequetscht werden.

Stricksachen dürfen niemals gehängt werden, sondern müssen immer liegend gelagert werden. Ansonsten werden die Ärmel länger, als einem lieb ist. Weiterhin würden die Bügel Beulen an den Schultern hinterlassen.

Hemden werden aus Platzgründen gestapelt. Sie sollten jedoch ordentlich, aber locker gefaltet sein. Man stapelt sie dann so, daß die Kragen mal nach vorne und mal nach hinten schauen. Wer genügend Platz hat, kann die Hemden natürlich auch einzeln auf Bügel hängen. Dies verhindert das Knittern und Legefalten. Außerdem erleichert es die Auswahl.

Schuhe werden in einem separaten Schuhschrank verstaut. Dort bewahrt man auch die Schuhputzutensilien auf. Der Schuhschrank sollte aber auf keinem Fall luftdicht sein, da das Schuhleder atmen muß.

Natürlich muß der Schrank gut zu schließen sein, damit er die Kleidung vor Insekten und Staub schützt. Um Motten abzuschrecken, bieten sich spezielle Mittel an – etwa Lavendel. Dies ist besonders wichtig, wenn Winterkleidung während des Sommers weggehängt wird. Bei sehr empfindlichen Stücken eignet sich zum weiteren Schutz ein textiler, luftdurchlässiger Überhang, der unten offen ist.

Als Aufbewahrungsort der schmutzigen Wäsche empfiehlt sich für feinere Gegenstände ein aus waschbarem Stoff gefertigter Wäschebeutel. Größere Kleidungsstücke legt man in Wäschekörbe oder hängt sie über eine Leine.

SØR Pflegetip

Pflege hat regelmäßig zu erfolgen.

Auch beim Waschen gibt es einige Regeln, die für alle Kleidungsstücke gelten. Zum einen sollten die Pflegehinweise des Herstellers auf dem Etikett befolgt werden. Zum anderen sind die Eigenschaften des Materials zu beachten.

Es ist ratsam, für einen Waschgang nur Kleidung aus demselben Material und in gleichen Farben zu wählen. Mehrteilige Kleidungsstücke werden zusammen gewaschen.

Vorher sind die Taschen nach außen zu wenden. So lassen sich alle Dinge entfernen, die eventuell irreparable Schäden verursachen können. Papiertaschentücher oder Ähnliches hinterlassen Fusseln auf allen Teilen. Reißverschlüsse, Haken und kleine Häkchen müssen geschlossen werden. Weiterhin schont es die Kleidung, sie vor dem Waschen auf links zu wenden.

Ebenso kann man beim Wasserwerk die Wasserhärte erfragen. Dann ist diese mit dem gewählten Waschmittel abzustimmen.

> **SØR Pflegetip**
>
> Beim Wasserwerk die Wasserhärte erfragen.

Überhaupt müssen bei der Waschmitteldosierung die Angaben genau befolgt werden. Bei einer Überdosierung ist der Überschuß nicht mehr zu entfernen und bleibt im Gewebe zurück. Ebenso kann durch eine Unterdosierung Schaden entstehen, da zu wenig Schaum gebildet und der Pufferschutz in der Waschmaschine nicht gewährleistet ist.

Natürlich eignen sich besonders empfindliche Kleidungsstücke gar nicht zur Maschinenwäsche. Sie sollten deshalb in eine Reinigung gebracht oder mit der Hand gewaschen werden. Es empfiehlt sich ein mildes Feinwaschmittel, wie “tene moll”, “tene star” und “tex bio”.

Einige Hilfsmittel sind zur korrekten, regelmäßigen Kleidungspflege unerläßlich. Diese sind:

- ein geräumiger Schrank
- feste Formbügel
- verschiedenartige Bürsten
- stabile Schuhspanner
- Schuhcreme
- Frottiertücher

Die folgenden Kapitel beschreiben die genaue Verwendung der Utensilien.

Regelmäßige Pflege

Anzüge, Hosen

Der gute Sitz und die Stoffqualität hochwertiger Hosen und Anzüge bleiben nur bei korrekter Behandlung erhalten. Regelmäßig gepflegte Kombinationen begleiten ihren Besitzer für lange Zeit.

Zunächst sind regelmäßige Tragepausen wichtig. Anzüge dürfen nicht mehrere Tage hintereinander getragen werden. Zum Auslüften sind Sakkos nachts auf dem Balkon oder im Badezimmer am besten aufgehoben. Für die Hosen ist ein stummer Diener nützlich, der auch das zusätzliche Bügeln ersetzt.

SØR Pflegetip

Korrektes Aufhängen trägt schon viel zur Formerhaltung bei.

Im Schrank hängt jedes Kleidungsstück ordentlich an seinem Platz: Die Hose liegt der Bügelfalte entsprechend gerade über dem Bügelsteg, das Sakko hängt darüber.

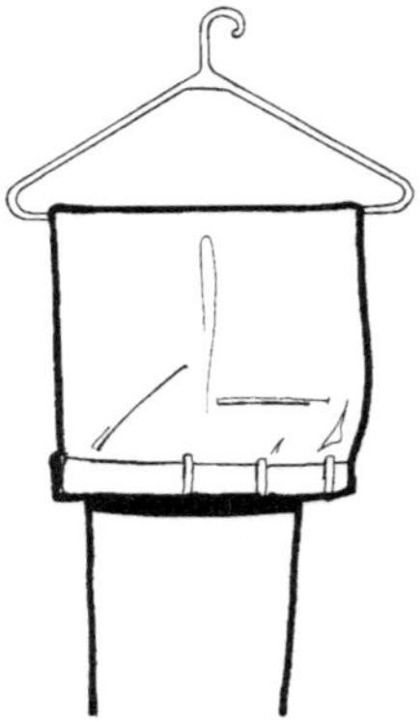

Anzüge und Hosen werden durch regelmäßiges Bürsten schöner und sitzen besser. So läßt sich auch der Staub entfernen, der sehr schädlich für das Gewebe ist. Die besten Bürsten sind diejenigen mit Naturborsten. Synthetische Bürsten eignen sich nicht, da sie zu hart sind.

Die Bürste ist in schwingenden Bewegungen stets in die gleiche Richtung zu führen. Wenn die Kleidung an bestimmten Stellen stark verschmutzt ist, kann die Bürste mit Wasser oder auch schwarzem Kaffee leicht angefeuchtet werden.

Feine Härchen auf dem Kragen werden nicht mit einer Bürste beseitigt. Es ist besser, jedes Haar einzeln mit bloßen Fingern zu entfernen. Auch Klebeband ist hilfreich. Allerdings können hierbei unansehnliche Abdrücke zurückbleiben.

Hosen aus besonders leichtgewichtigen Stoffen bedürfen mehrtägiger Tragepausen. Es verbietet sich außerdem, sie in der eigenen Waschmaschine zu waschen. Statt dessen gehören sie in eine gute Reinigung. Davon ausgenommen sind Jeans. Sie können bei 30 Grad bedenkenlos in der eigenen Maschine gewaschen werden.

Wäscht man seine Hose selbst, will natürlich auch das Bügeln gelernt sein. Wichtig ist, daß die Hose noch leicht feucht ist. Ist sie bereits völlig trocken, muß sie wieder etwas angefeuchtet werden. Hosen sind ohne Dampf zu bügeln. Auch ein feuchtes Bügeltuch ist nicht empfehlenswert. Eine niedrige Bügeltemperatur verhindert irreparable Schäden.

SØR Pflegetip

Hosen in leicht feuchtem Zustand und ohne Dampf bügeln.

Zuerst werden die Nähte gebügelt. Dazu wird die Hose auf links gewendet, und die Hosenbeine werden über das Ärmelbrett gestreift. Dann können alle Nähte sorgfältig ausgebügelt werden. Anschließend kommen die Taschenbeutel an die Reihe.

Die Hosenbeine stehen als nächstes an. Dazu wird die Hose – immer noch auf links gewendet – glatt auf das Brett gelegt. Schritt- und Seitennaht müssen genau übereinanderliegen. Dann kann jedes Hosenbein von beiden Seiten gebügelt werden. Eine Bügelfalte darf nicht entstehen.

Danach wird die Hose wieder auf rechts gewendet und – am linken Schlitzteil beginnend – über das Bügelbrett gezogen. Anschließend sind Bund- und Schenkelbereich zu bügeln, jedoch ohne die vordere Bügelfalte. Die hintere Bundfalte wird bis zum Taschengriff gebügelt. Vorsicht ist im Schenkelbereich bei den Taschenbeuteln geboten. Abdrücke können durch Hochklappen vermieden werden.

SØR Pflegetip

Taschenbeutel beim Bügeln hochklappen, um Abdrücke zu vermeiden.

Um die rechten Falten zu bügeln, wird das rechte Hosenbein mit der vorderen Falte zum Körper hin glatt auf das Brett gelegt. Schritt und Seitennaht liegen aufeinander. Zunächst wird die vordere Bügelfalte möglichst weit in Richtung Bund gebügelt, danach die hintere Falte. Anschließend die Hose auskühlen lassen, ehe man auch die linken Falten bügelt.

Das Bügeln der linken Falten bereitet nun keine Schwierigkeiten: Die Falten liegen in entgegengesetzter Richtung.

SØR Pflegetip

Nach dem Bügeln der rechten Falten die Hose erst auskühlen lassen.

Zum Schluß können die vorderen Bundfalten auf dem Ärmelbrett vom Bundansatz in Richtung Bügelfalte eingebügelt werden.

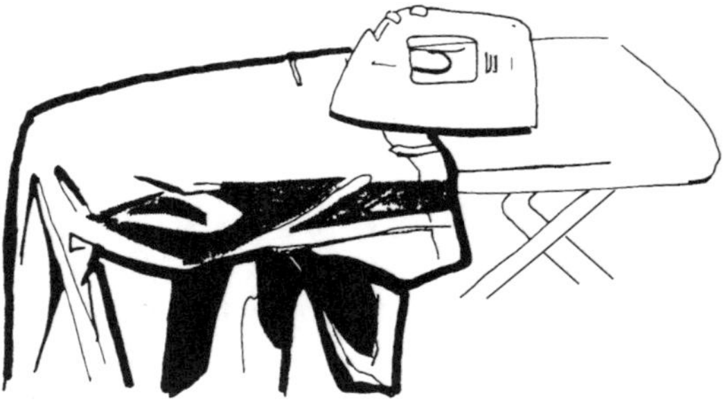

Mäntel

Mäntel bedürfen der richtigen Behandlung - besonders nach einem kräftigen Regenschauer. Man hängt den Mantel in nassem oder feuchtem Zustand an einer gut durchlüfteten Stelle zum Trocknen auf. Wie bei allen Trocknungsvorgängen verzichtet man auf eine Heizung oder eine andere Wärmequelle.

SØR Pflegetip

Mäntel nicht in der Nähe einer Heizung zum Trocknen aufhängen.

Ein stabiler Formbügel erweist sich dabei als hilfreich. Bleibt der obere Knopf geschlossen, wird das Revers geschont.

Außerdem sollten Mäntel von Zeit zu Zeit abgebürstet werden: Eine nicht zu harte Bürste ist zu diesem Zweck am ehesten geeignet. Diese Behandlung empfiehlt sich besonders für Lodenmäntel, da sie durch regelmäßiges Bürsten in Strichrichtung ihren typischen Glanz behalten.

Es verbietet sich, Mäntel selbst zu waschen. Treten Verunreinigungen auf, ist der Mantel in eine Reinigung zu geben. Ihr Mantel dankt es Ihnen, wenn sie ihm diese Pflege rechtzeitig und regelmäßig angedeihen lassen.

SØR Pflegetip

Mäntel in die Reinigung geben.

Nur kleinere Verunreinigungen kann man selbst beheben. Hierzu empfiehlt sich das Spezialspray JEPS II, mit dem der Mantel auch vor dem ersten Tragen behandelt wird.

Hemden

Hemden können bedenkenlos in der eigenen Waschmaschine gewaschen werden. Einige Ratschläge mögen dabei helfen.

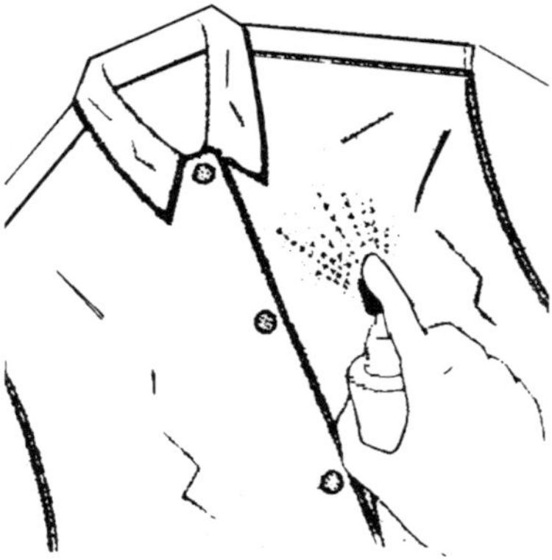

Helle Baumwollhemden können im Pflegeleichtprogramm bei 60° C gewaschen und anschließend kurz geschleudert werden. Danach sind sie mühelos zu bügeln.

Intensiv- und druckfarbige Hemden müssen in der Waschmaschine unbedingt getrennt von anderen Wäschestücken gewaschen werden. Zur wirkungsvollsten Reinigung empfiehlt sich ein Feinwaschmittel.

Intensivfarbige Gewebe und Jersey-Gewirke weisen stets einen Farbüberschuß auf. Dies macht sich trotz bester Echtfärbung bei den ersten Waschgängen durch "Ausbluten" bemerkbar. Bei solchen Hemden ist es sinnvoll, der Waschlauge und dem letzten Spülwasser einen Schuß Essig beizufügen und gut zwischenzuspülen.

SØR Pflegetip

Intensivfarbige Hemden
separat waschen.

Farbige Hemden werden erst aufgehängt, wenn sie zuvor etwas getrocknet sind. Es empfiehlt sich, sie nach dem Waschen in ein Frottiertuch einzurollen. Auch ein leichtes Anschleudern nach der Wäsche ist wirkungsvoll.

Woll- und Seidenhemden werden in kaltem oder lauwarmem Wasser unter Hinzufügung eines Feinwaschmittels gewaschen. Dies kann von Hand oder im Wollprogramm der Waschmaschine geschehen. Letzteres jedoch nur, wenn auf dem Pflegeetikett der Zusatz "waschmaschinenfest" vermerkt ist.

SØR Pflegetip

Woll- und Seidenhemden in kaltem oder
lauwarmem Wasser waschen.

Wenn kaltes Wasser zur Reinigung verwendet wird, müssen die Hemden bis zur Klarheit gespült, danach leicht ausgedrückt und schließlich sofort in ein Frottiertuch eingerollt werden. Danach sind sie flach auszubreiten und bei Zimmertemperatur zu trocknen, ohne sie jedoch in die Sonne oder in die Nähe der Heizung zu legen.

Extrem empfindliche Hemden werden in einem Nesselbeutel oder einem Kopfkissenbezug besonders schonend gewaschen. Ein vorzeitiger Verschleiß von Kragenecken und Manschetten wird so vermieden.

Das perfekte Oberhemd ist die Visitenkarte eines jeden Mannes. Also bügelt der Mann von Welt seine Hemden selbst. Außerdem ist Hemdenbügeln leichter als vielfach angenommen. Besonders Baumwolle läßt sich sehr einfach bügeln, jedenfalls so lange sie feucht ist. Überhaupt sind Hemden nur in feuchtem Zustand zu bügeln.

SØR Pflegetip

Hemden in feuchtem Zustand
sind einfach zu bügeln.

Das Hemd wird nach dem Waschen nur leicht angeschleudert und naß auf einen Bügel gehängt. Allerdings darf es vor dem Bügeln nie ganz trocknen. Sonst muß das Hemd nochmals eingesprüht werden.

Reine Baumwolle kann immer mit Höchsttemperatur gebügelt werden. Ein Hemd wird jedoch nicht gestärkt, auch nicht mit einer Appretur aus der Sprühdose.

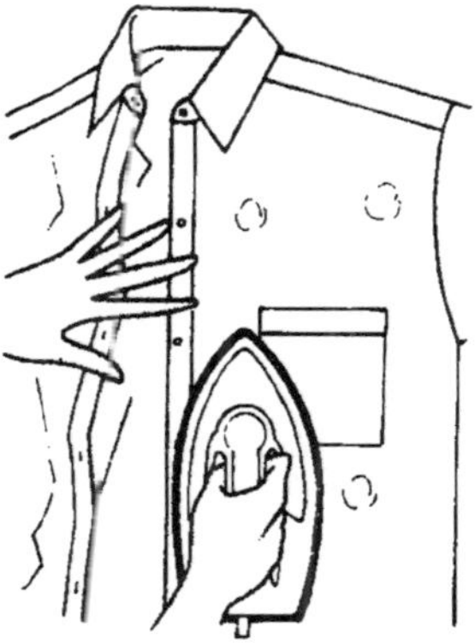

Zuerst bügelt man den Kragen – und zwar immer von den Kragenecken nach innen. So lassen sich Falten vermeiden. Danach wird die rückwärtige Passe geglättet, anschließend Knopfloch und Knopfleiste. Als Nächstes wird das Hemd von einem Vorderteil durchgehend über den Rücken zum anderen Vorderteil gebügelt. Dann kann man das Hemd zuknöpfen. Am Ende werden Manschetten und Ärmel gebügelt.

SØR Pflegetip

Zuerst den Hemdkragen bügeln.

Auch das richtige Zusammenlegen ist wichtig für die Pflege von Hemden. Falten entstehen so gar nicht erst. Zunächst ist das Hemd glatt auf die Vorderseite zu legen. Der rechte Ärmel und ein Teil des Rumpfes werden nach links gefaltet. Anschließend wird der Ärmel glatt nach unten gelegt. Dann kommt die andere Hemdseite an die Reihe. Zum Schluß werden Hemdsaum und Manschetten ein kleines Stück nach innen gefaltet und das untere Teil nach oben umgeschlagen.

Es ist nicht ratsam, mehrere Hemden mit dem Kragen übereinanderzulegen. Statt dessen sind sie immer seitenverkehrt aufzubewahren – am besten ist es, den Kragen noch mit einem Stück Pappkarton zu stützen. Wer seine Hemden auf Bügel hängt, muß alle Knöpfe schließen.

Hüte und Mützen

Auch bei Hüten und Mützen ist es notwendig auf die Materialien zu achten. Filzhüte sind von

Zeit zu Zeit leicht zu bürsten. Zu starker Druck führt allerdings zu einer aufgerauhten unansehnlichen Oberfläche. Wichtig ist außerdem stets in eine Richtung, meist links herum, zu bürsten. Bei Druckstellen empfiehlt es sich diese leicht zu dämpfen und zu bürsten.

Wellen kann man am besten mit Dämpfen von innen beikommen. Dazu ist das Leder herauszuklappen und das Futter anzuheben. So entstandene Falten verschwinden, wenn man die betroffenen Stellen leicht mit einer Bürste schlägt.

Für Lederhüte gilt grundsätzlich, dass jede Pflegemethode erst einmal an einer unsichtbaren Stelle ausprobiert wird, da jedes Leder anders reagiert.Grundsätzlich gelten die gleichen Regeln wie für jegliche Bekleidung aus Leder.

Bei Wellenbildung ist es wichtig zu beachten, dass Lederhüte nur von innen zu dämpfen sind, da sonst häßliche Flecken enstehen können. Für Veloursleder und Nubuk gilt es Regentropfen mit einer Kreppbürste in zwei Strichrichtungen auszubürsten. Mit der Kreppbürste oder einem Schwammtuch wird dieses Leder außerdem von Zeit zu Zeit entstaubt.

Bei Nappaleder verwendet man für Regenflecken einen weichen Lederradierer. Außerdem ist regelmäßiges Nachfetten empfehlenswert. Dies geschieht, indem man Nappacreme mit einem weichen Staubtuch in das Leder reibt. Bei starken Verschmutzungen hält der Fachhandel Lederreinigungssprays und -tinkturen bereit.

Bei Stoffhüten kann man die Wellen von innen dämpfen, was vor allem bei Nylongaze zu wahren Erfolgen führt. Doch Vorsicht: Die Nähte können sich bei zu starker Dämpfung verziehen. Strohhüte brechen sehr leicht und sind deshalb vor starkem Druck zu schützen. Bei Verformungen hilft auch hier Dampf, welcher sowohl von außen als auch von innen eingesetzt werden kann.

Für die Lagerung gilt bei allen Hüten, dass die weiten über die engeren Hüte gestülpt werden, jeoch nie mehr als sechs. Mit Gummiringen kann man Druckstellen am Kopf und am Band verhindern. Bei offener Lagerung sind außerdem Cellophanhauben zu verwenden um Einstauben zu verhindern.

Krawatten

Die unselige Eigenschaft, seinen Binder nach dem Tragen abzunehmen und aufzuhängen, ohne vorher den Knoten zu lösen, ist weit verbreitet. Sie sollte jedoch nicht zur Gewohnheit werden. Denn schnell verlieren die Krawatten so ihre Form.

Statt dessen werden sie ordnungsgemäß – also mit gelöstem Knoten – auf einen Krawattenbügel gehängt. Eine Alternative: Man rollt sie nach dem Tragen zu einer Schnecke.

SØR Pflegetip

Bei Krawatten stets den Knoten lösen.

Dieselbe Krawatte darf nie mehrere Tage hintereinander getragen werden. Statt dessen sind regelmäßige Pausen notwendig, um ihre Form zu erhalten.

Wenn die Krawatte trotz richtiger Behandlung einmal Knitterstellen oder Falten bekommt, werden diese behutsam gebügelt. Es empfiehlt sich, ein Tuch dazwischenzulegen, um zu vermeiden, daß das Eisen das Gewebe beschädigt. Außerdem dürfen die Kanten nicht flachgebügelt werden.

SØR Pflegetip

Knitterstellen sind durch Bügeln zu beheben.

Weist eine Krawatte einmal grobe Verunreinigungen auf, ist sie in eine chemische Trockenreinigung zu geben. Nur kleinere Flecken kann man selbst entfernen, indem man die Stelle mit Hausbenzin behandelt.

Krawatten – vor allem Seidenkrawatten – müssen immer vor Feuchtigkeitseinfluß geschützt werden.

Ein “Ausbluten” der Farben ist ansonsten nicht ausgeschlossen.

Pullover

Auch die Pflege von Pullovern beginnt mit der richtigen Behandlung nach dem Tragen. So wird ein Pullover nie auf einen Bügel gehängt, da er ansonsten bald seine Form verliert.

SØR Pflegetip

Einen Pullover nie
auf einen Bügel hängen.

Stattdessen ist ein Pullover nach dem Tragen sorgfältig zu falten und so in den Schrank zu legen. Ein Lavendelsäckchen oder ein Stück Zedernholz kann hinzugelegt werden, um ihn vor Motten zu schützen.

Grobe Verunreinigungen lassen sich auf einem Pullover kaum selbst beheben. Man gibt ihn deshalb lieber in eine Reinigung.

Wenn man ihn dennoch selbst waschen möchte, muß dies der Waschanleitung entsprechend bei 30° C oder bei 60° C von Hand geschehen. Ein Fein- oder Wollwaschmittel – zum Beispiel “Woolite” – kann der Waschlauge hinzugefügt werden. Das gewählte Mittel muß jedoch sparsam dosiert sein.

SØR Pflegetip

Das gewählte Waschmittel nur
sparsam dosieren.

Möchte man den Pullover in der Waschmaschine waschen, ist dies nur im “Wollwaschgang” zu empfehlen. Außerdem ist es zweckmäßig, ihn vorher zu wenden, d.h. die Außenseite nach innen zu kehren.

Bei Pullovern mit größeren Farbkontrasten besteht die Gefahr, daß sich diese bei der Handwäsche verfärben. Dies kann man verhindern, indem man eine kühle Wassertemperatur wählt. Einfarbige Pullover können auch bei höherer Temperatur gewaschen werden.

Verfärbungen werden vermieden, wenn man den Pullover zügig durchwäscht und nicht versucht, ihn durch Einweichen oder Reiben zu reinigen. Man drückt ihn statt dessen nur leicht und spült ihn anschließend gut durch.

SØR Pflegetip

Pullover immer
von Hand waschen.

Pullover sollten nicht geschleudert oder in einem Wäschetrockner getrocknet werden. Auch ist davon abzusehen, sie zum Trocknen aufzuhängen. Dies schadet dem Gewebe, genau wie das Auswringen eines Pullovers.

Ein gewaschener Pullover sollte nur behutsam ausgedrückt oder kurzzeitig in ein Frottiertuch eingerollt werden. Ausgiebig trocknen kann er dann ausgebreitet auf einem Handtuch.

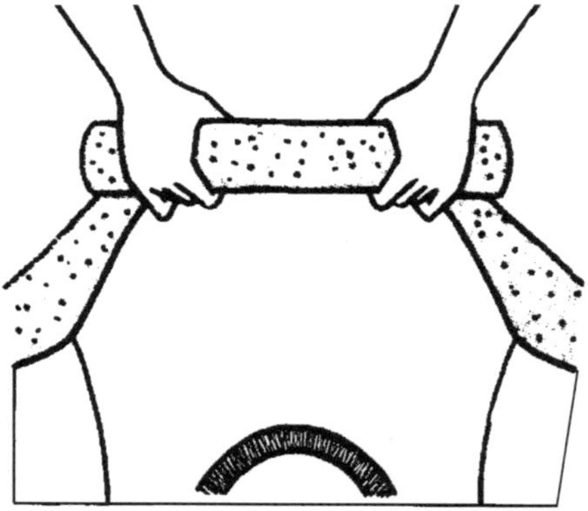

Anschließend ist er in Form zu legen und durch leichtes Bügeln zu glätten. Pullover dürfen – wie alle anderen Strickwaren – nie zu schmutzig werden.

Strümpfe

Schon der gute Geschmack gebietet es, Socken und Strümpfe nach einmaligem Tragen zu waschen. Wollstrümpfe können bei 30° C und Baumwollstrümpfe bei 60° C in der Maschine gereinigt werden. Strümpfe aus Kaschmir und Seide werden jedoch 30° C per Hand gewaschen. Zu diesem Zweck ist ein Feinwaschmittel zu empfehlen. Von Voll- und Colorwaschmitteln ist abzusehen, da sie dem Gewebe schaden.

SØR Pflegetip

Strümpfe aus Seide und Kaschmir von Hand waschen.

Socken und Strümpfe dürfen nicht in einem Wäschetrockner getrocknet werden. Am ehesten kann dies noch mit gröberen Wollsocken geschehen, ohne daß Schaden entsteht. Am besten ist es jedoch, die Strümpfe nach dem Waschen vorsichtig auszuwringen und dann griffeucht aufzuhängen.

Strümpfe werden nicht gebügelt. Die große Hitzeentwicklung läßt das Strumpfgummi schmilzen und brüchig werden. Ebenso verliert das Gummi an Elastizität, wenn der Strumpf zu heiß gewaschen wird.

SØR Pflegetip

Strümpfe und Socken
nicht bügeln.

Wenn die Strümpfe getrocknet sind, genügt es, sie einfach zusammenzulegen. Es ist nicht ratsam, sie übereinander zu ziehen, da so mit der Zeit die Bündchen ausleiern.

Schuhe

Wie alle anderen Kleidungsstücke, bedürfen auch Schuhe der Ruhe. Es gilt die Regel, Schuhe einen Tag zu tragen und dann zwei Tage lang ruhen zu lassen. Der gepflegte Herr besitzt also mindestens drei Paar gleichwertige Schuhe als Grundausstattung. Und er sollte seine hochwertigen Schuhe niemals in einem luftdichten Schrank aufbewahren, da das Leder atmen muß.

SØR Pflegetip

Schuhe nie mehrere Tage tragen.

Die Schuhe werden nach dem Tragen stets auf Schuhleisten gezogen. Leisten aus Zedern- oder Fichtenholz eignen sich besonders. So ist gewährleistet, daß die Schuhe lange ihre Form behalten. Das Leder muß noch tragewarm und geschmeidig sein, da es ansonsten durch die Holzleisten überdehnt wird und Risse entstehen können. Die Leisten aus Zedernholz absorbieren die im Schuh entstandene Feuchtigkeit. Das Leder kann atmen.

Die Form eines Schuhs leidet, wenn man ihn ohne einen Schuhlöffel anzieht. Besonders der Bereich oberhalb der Fersenklappe wird dadurch stark belastet. Wenn kein geeigneter Schuhlöffel zur Hand ist, empfiehlt sich ein Taschentuch zum Anziehen des Schuhs.

SØR Pflegetip

Schuhe mit einem Schuhlöffel anziehen.

Feuchte Schuhe dürfen nicht vor einer Heizung getrocknet werden. Da die trockene Hitze dem Leder alle Feuchtigkeit entzieht, kann es spröde werden und sogar brechen.

Wenn man mit durchnäßten Schuhen nach Hause kommt, ist es wirkungsvoll, sie mit Zeitungspapier auszustopfen und schräg aufzustellen. So gelangt an alle Partien genug frische Luft. Das Papier wird ausgetauscht, sobald es sich vollgesogen hat.

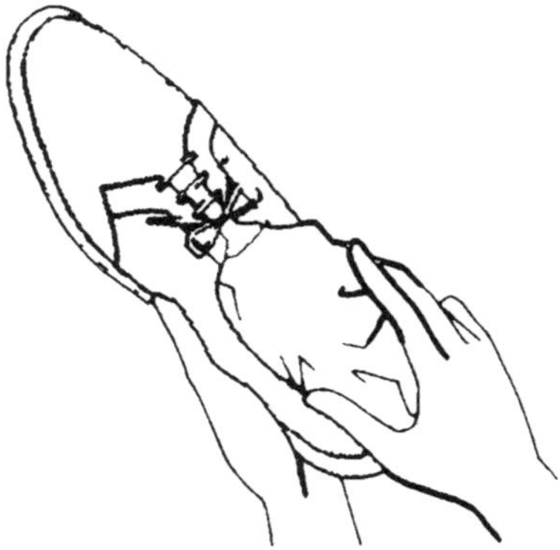

SØR Pflegetip

Schuhe nicht vor einem
Heizkörper trocknen.

Schneeränder an den Schuhen können nicht nur von Streusalz, sondern auch von Gerbsalzen oder Mineralstoffen aus dem Leder selbst stammen. Sie lassen sich mit einem in warmem Wasser angefeuchteten Tuch leicht abwischen.

Nicht umsonst heißt es: "Entweder strahlt die Sonne oder der Schuhmacher". Schneewasser und die ölige Nässe der Straße greifen das Sohlenleder der Schuhe besonders stark an. Daher ist es sinnvoll, hochwertige Schuhe bei schlechtem Wetter durch Überziehschuhe aus Gummi zu schützen.

Angetrockneter Schmutz wird zuerst vorsichtig mit einem stumpfen Messer abgekratzt und dann mit einem feuchten Tuch oder Schwamm abgewischt. Schuhputztücher wirken übrigens erst dann wirklich gut, nachdem sie einmal gewaschen worden sind. Gröbere Verschmutzungen lassen sich durch Lederseife beheben.

Staub kann mit einer Schuhbürste entfernt werden. Überhaupt gehört regelmäßiges Bürsten zur Schuhpflege. Hierbei gilt: Je rauher das Leder ist, desto weicher muß die Bürste sein.

SØR Pflegetip

Bei rauhem Leder eine weiche Bürste verwenden.

Nur bei besonders hochwertigen und damit auch empfindlichen Schuhen kann auf das Bürsten verzichtet werden. Stattdessen empfiehlt sich ein grobes Tuch.

Eine ölig-dünnflüssige Dosenpaste eignet sich zur regelmäßigen Schuhpflege; harte Wachspasten sorgen für den nötigen Glanz. Schnellreiniger – meist kleine Plastikfläschchen mit einem Schwamm – sind nur für Schuhputz-Notfälle geeignet. Die richtige Schuhcreme gibt es auch in allen SØR-Filialen.

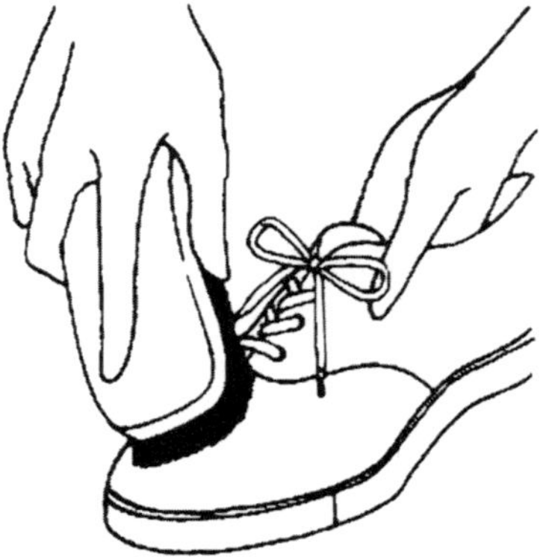

Wer seinen Schuhen einen besonders strahlenden Glanz verleihen möchte, dem kann ein zusammengeknüllter Nylonstrumpf helfen. Werden die Schuhe damit abgerieben, läßt die entstehende Hitze die Oberfläche der Cremeschicht leicht anschmelzen. Der Effekt ist sehr beeindruckend. Natürlich darf dies kein Ersatz für die Schuhpflege mit einer Creme sein, sondern nur eine Ergänzung.

SØR Pflegetip

Für den besonderen Glanz: Schuhe mit einem Nylonstrumpf polieren.

Zur Pflege von Lacklederschuhen wird auf herkömmliche Mittel verzichtet, da der Lack hierdurch abstumpft. Spezielle Lackledermittel entsprechen dagegen den Pflegebedürfnissen.

Schuhe aus Veloursleder werden mit einer Bürste mit Kreppgumminoppen von Staub und Schmutz befreit. "Blanke Stellen" rauht man vorsichtig mit Sandpapier oder einer Nylon- oder Drahtbürste auf. Ein imprägnierendes Spray schützt das Rauhleder. Flecken können mit einem Lösungsmittel entfernt werden.

Abgetragene oder dünn gewordene Ledersohlen lassen Wasser durch und müssen rechtzeitig erneuert werden. Spätestens wenn die zweite Schicht, der Unterfleck, sichtbar wird, sollte man einen Schuster aufsuchen. Die Schuhsohlen sind regelmäßig einzufetten.

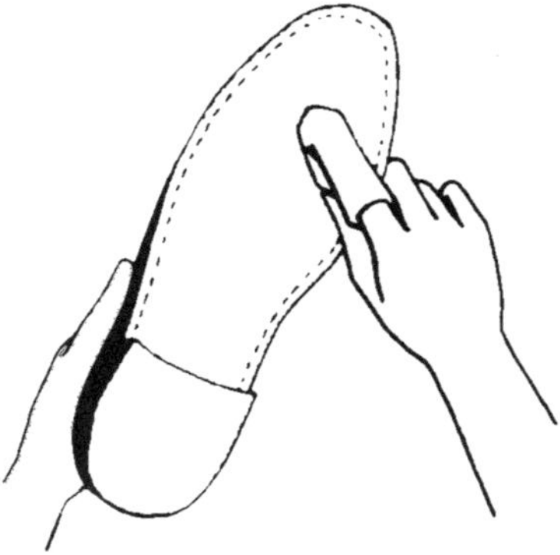

Schirme

Zur adäquaten Ausstattung eines Herren gehört neben der angemessenen Bekleidung auch ein guter Schirm. Und natürlich bedarf auch dieser einer korrekten und regelmäßigen Pflege.

Einen Schirm läßt man trocknen, indem man ihn geschlossen am Griff aufhängt. Man sollte ihn jedoch nicht einrollen. Wenn über die Gestellspitze zusätzlich ein Gummiring gezogen wird, liegt das Stahlrohr eng am Schaft. Dadurch lassen sich die Stoffbahnen trichterförmig auszupfen, und der Bezug wird nicht angegriffen. Stark durchnäßte Schirme können bahnenweise mit einem Tuch getrocknet werden.

SØR Pflegetip

Einen Schirm geschlossen, jedoch nie eingerollt trocknen lassen.

Nur der bereits getrocknete Schirm darf also eingerollt werden. Man kann ihn dann auch noch in einem Futteral verschwinden lassen – doch wozu eigentlich? Schließlich spricht die Eleganz eines eng eingerollten Schirmes für sich. Das ist auch der Grund, warum die britischen Schirmhersteller in der Regel auf ein Futteral verzichten.

Jedes Teil eines hochwertigen Schirmes kann ersetzt werden. Daher hält er in der Regel ein Leben lang.

Bügeltipps

Was muß gebügelt werden?

Grundsätzlich wird jegliche Oberbekleidung gebügelt, siehe dazu die Hinweise bei den jeweiligen Kleidungsstücken. Vom Bügeln ausgenommen sind hingegen Unterwäsche, Socken, Sackos aus Wolle, sowie alle Kleidungsstücke, bei denen das Etikett Bügeln verbietet.

Allgemein ist zu beachten, dass die zu bügelnden Kleidungsstücke noch leicht feucht sind, da sie nur so in die rechte Form zu bringen sind. Dies ist ca. 20 Minuten nach dem Waschen der Fall oder alternativ nach fünf Minuten im Trockner.

Wenn kurz nach dem Waschen keine Zeit ist, empfiehlt es sich, die Wäsche eingerollt in eine Plastiktüte zu stecken. Allerdings kann die Wäsche auf diese Art und Weise höchstens einen halben Tag gelagert werden.

Um Ihnen das Bügeln Ihrer Hemden zu erleichtern, empfehlen wir, das Hemd leicht geschleudert aufzuhängen und Kragen sowie Manschette glatt zu streichen. So behält ihr Hemd die optimale Form. Belassen sie das Hemd zum Bügeln leicht feucht und wählen sie an ihrem Bügeleisen eine mittlere Temperatur.

Bei Seidenhemden ist besonders darauf zu achten, dass sie beim Bügelvorgang noch feucht sind, da sonst unschöne Glanzflecken entstehen. Außerdem sind sie stets von links zu bügeln um das Material nicht zu beschädigen.

Dies gilt auch für Jeans und T-shirt. Fährt man hier noch mit dem Eisen die Nähte entlang, so ist ein hoher Paßkomfort garantiert.

Bundfaltenhosen sind am besten mit einem Dampfbügeleisen zu bearbeiten, nachdem man ein feuchtes Tuch über ihnen ausgebreitet hat. Man fängt mit der Innenseite an und bügelt von unten nach oben. Zum Schluß wird das obere Ende über das Bügelbrett gezogen und die Bügelfalte nachgezogen.

Bei Sakkos ist es wichtig zu wissen, dass nur solche aus Baumwolle gebügelt werden dürfen. Man legt dazu ein Baumwolltuch unter und bügelt lediglich die Innenseite. Auch hier eignet sich ein Dampfbügeleisen am besten.

Pullover werden meist nicht gebügelt. Sollte dies doch einmal nötig sein, so wird nur die Innenseite bearbeitet, nachdem man sie mit einem Tuch abgedeckt hat.

Tipp: Bügelfreie Kleidung

Wer nun so gar keine Lust verspürt seinen Feierabend mit Bügeln zu verbringen, für den empfiehlt sich Kleidung, bei der Bügeln unnötig ist. Wenngleich dies einen großen Zuwachs an Freizeit mit sich bringt, gilt es auch hier einige Regeln zu beachten. So sollte man in eine Waschmaschine nie mehr als sieben Hemden auf einmal waschen und auf das Schleudern verzichten. Des weiteren muss das Kleidungsstück noch tropfnass aufgehängt werden, um die Entfaltung seiner Vorteile zu gewährleisten.

Nähtipps

Knöpfe annähen

Wie schon das Bügeln stellt auch das Annähen eines Knopfes für den Mann von Welt kein Problem dar. Alles was man dafür braucht sind Nadel, Faden und ein zum Kleidungsstück passender Knopf.

Man nimmt den Faden doppelt und verknotet die Enden. Nun führt man die Nadel durch den Stoff und durch den Knopf, wobei man jetzt noch das Loch frei auswählen kann. Als nächstes wird die Nadel durch das diagonal gegenüberliegende Loch gestochen. Man zieht leicht am Knopf um zwischen Knopf und Stoff einen Raum von ca. 3 mm zu schaffen.

Als nächstes führt man die Nadel durch eines der noch freien Löcher und schließlich durch das nächste freie Loch. Nun ein paar Mal den Faden vor und zurück, doch stets diagonal durch die Löcher führen.

Schließlich wird der Steg, also der Zwischenraum zwischen Stoff und Knopf mit dem Faden umwickelt und mithilfe der Nadel fest verknotet.

Auf Reisen

Auf Reisen ist die Menschheit schon seit jeher, früher noch stärker als heute. Unsere Vorfahren reisten unfreiwillig den Herdentieren hinterher um ihre Nahrung zu sichern. Als Reisegepäck dienten hierbei Beutel aus dem Leder der erlegten Tiere, welches somit kein Abfallprodukt war. Selbst der berühmte Steinzeitmensch Ötzi reiste mit Gürteltasche, in welcher er Steinklingen und einen Zunderschwamm verstaute.

Da Reisen früher wenig mit Vergnügen zu tun hatte, da die Wege schlecht begehbar und Nahrung und Unterkunft vom Zufall abhängig waren, musste das Gepäck möglichst klein gehalten werden. Später dann reisten neben Händlern, Pilgern und Tagelöhnern auch Könige und Fürsten; allerdings weit komfortabler. Karl der Große (742 – 814) ritt von einer Kaiserpfalz zur nächsten um zwischendurch noch gegen die Sachsen zu Felde zu ziehen. Er hatte neben notwendigen Dingen wie Kleidung und Nahrung auch Gastgeschenke, Zeltmaterial und Waffen im Gepäck.

Die üblichste Fortbewegungsart war zu Pferde. Adelige hingegen nutzten die Möglichkeit einer Kutsche. Als Gepäck dienten ihnen Truhen, die wegen der beengten Raumverhältnisse jedoch bald handlicher wurden. Sie bestanden nun nur noch aus einem Holzgerüst, das mit Leder umspannt war, man kann also von einem Vorläufer des Koffers ausgehen.

Nach dem Ende des dreißigjährigen Krieges wurde Reisen aufgrund besser ausgebauterer Wege für eine größere Masse des Volkes möglich. Dabei musste das Gepäck vor allem besonders platzsparend sein.

Die heutige Damenhandtasche entwickelte sich aus der Reisetasche, welche in den 30ern in Mode kam. Der heutzutage übliche Tourisnus entstand erst nach dem zweiten Weltkrieg als Folge von Wohlstand und immer besser ausgebauten Luftverkehrswegen. Beim Gepäck kann man eine Entwicklung zu stets leichteren und strapazierfähigeren Materialien beobachten.

Das ideale Reisegepäck

Um das ideale Reisegepäck zu verwenden, muss man sich vorher darüber im Klaren sein wie lange und mit welchem Verkehrsmittel man auf Reisen ist. So hat jedes Gepäckstück seine Vor- und Nachteile.

Für Flugreisen eignet sich am besten ein Hartschalenkoffer. Er ist besonders robust, Kleidung zerknittert nicht und Wasser kann ebenfalls nicht durchdringen. Allerdings ist er schwerer als andere Koffer und oft auch unhandlich.

Ein Lederkoffer ist leichter, dafür benötigt er jedoch regelmäßige intensive Pflege. Nylonkoffer haben den Vorteil sehr dehnbar und handlich zu sein. Hier besteht aber die Gefahr, dass Nässe durchdringt.

Für den kleinen Wochenendtrip zwischendurch empfehlen sich handliche Reisetaschen, die leicht zu transportieren sind und alles Nötige unterbringen.

und-ze	**Aufbewahrung**	**Pflege**		**Waschen**			**Bügeln**
		Bürsten	**Tips**	**Reinigung**	**Maschine**	**Hand**	
zug-ke	Formbügel	ja	Tragepausen	ja	nein	nein	nein
zug-se	Formbügel; stummer Diener	ja	Tragepausen	ja	ja	ja	ja
ntel	Formbügel	ja	Tragepausen	ja	nein	nein	nein
mden	Formbügel	nein	—	ja	ja	ja	ja
a-tten	Bügel	nein	Tragepausen	ja	nein	nein	ja
llover	—	nein	—	ja	ja	ja	ja
ümpfe	—	nein	—	ja	ja	ja	nein
uhe	Leisten	ja	Tragepausen; Schuhlöffel	—	—	—	—
irme	Futteral	—	nicht eingerollt trocknen	—	—	—	—

Kofferpacken

Ehe man beginnt, seinen Koffer oder seine Tasche zu packen, werden alle Sachen, die man mitnehmen will, bereitgelegt. So wird man nicht noch einmal alles umpacken müssen, falls man doch etwas vergessen hat. Alle Kleidungsstücke werden sorgfältig gefaltet und so angeordnet, daß die Größe des Koffers oder der Tasche leicht festzustellen ist.

Grundsätzlich müssen die übrigen Kleidungsstücke vor den Schuhen geschützt werden. Die Schuhe dürfen jedoch nie in Plastiktüten verstaut werden, da das Leder dort nicht atmen kann. Handgenähte Flanell- oder Leinensäckchen sind besser geeignet. Um das Gewicht des Reisegepäcks nicht unnötig in die Höhe zu treiben, wird nur ein Paar Schuhleisten mitgenommen. Im übrigen hilft zusammengeknülltes Zeitungspapier.

SØR Pflegetip

Schuhe nie in Plastiktüten einpacken.

Das gewählte Gepäckstück muß nicht nur groß genug sein, es ist auch der Kleidung entsprechend zu wählen. Eine kleine Reisetasche ist beispielsweise überhaupt nicht geeignet, um einen Anzug zu transportieren.

Ein weiterer Grundsatz beim Kofferpacken: Schwere Kleidungsstücke und Gegenstände kommen auf den Boden, leichtere, empfindlichere Teile, die eventuell verknautschen und zerknittern könnten, obenauf. Schuhe werden zuallererst eingepackt, und zwar jeweils mit der Sohle flach nach unten. Sie nehmen so den geringsten Platz weg.

SØR Pflegetip

Schwere Dinge nach unten,
leichte nach oben.

Danach werden schwere, flache Kleidungsstücke eingepackt – zum Beispiel Hosen und Jacken. Anschließend legt man Waschutensilien, Rasierapparat und ähnliches darauf. Pullover können folgen. Die Zwischenräume, die entstehen, lassen sich am besten mit Gürteln, Unterwäsche und Socken füllen.

Zum Schluß packt man die empfindlicheren Teile ein, etwa Nachtwäsche, Hemden und T-Shirts. Krawatten, Fliegen oder Schals sind ganz oben am besten aufgehoben. Ehe man den Koffer schließt, werden die Kleidungsstücke noch mit einem Handtuch abgedeckt.

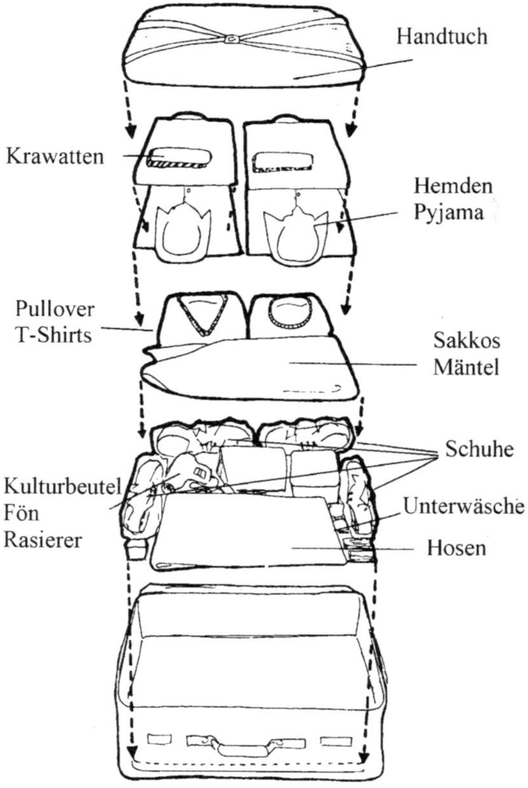

Die Hemden werden eingepackt, indem man eines mit dem Kragen nach oben plaziert und das nächste entgegengesetzt – eben mit dem Kragen nach unten – darüberlegt. So kann weiterer Platz eingespart werden, und die Hemden nehmen keinen Schaden.

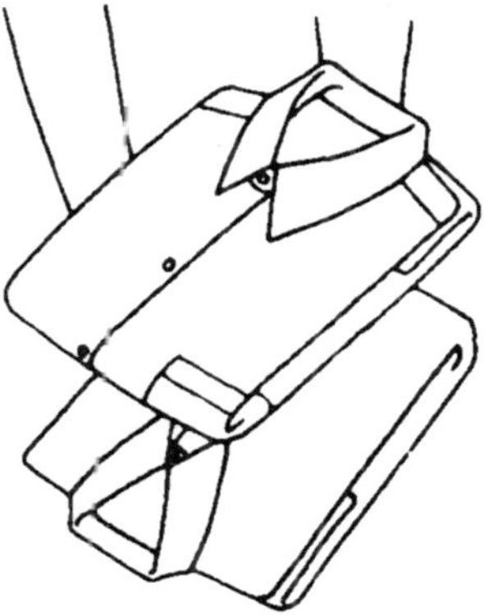

Die Regeln für das Kofferpacken gelten auch, wenn man seine Kleidung in einer Reisetasche verstaut. Falls kleine Außentaschen vorhanden sind, finden dort weiche Gegenstände ihren Platz. Harte, zerbrechliche Dinge gehören dort nicht hinein.

SØR Pflegetip

Schmutzige Wäsche falten und in einen Kopfkissenbezug hüllen.

Auf der Rückfahrt fällt erfahrungsgemäß reichlich schmutzige Wäsche an. Man darf diese nicht einfach ungeordnet in den Koffer oder die Tasche werfen. Statt dessen wird sie gefaltet und in einen Kopfkissenbezug gehüllt. Da die einzelnen Teile wahrscheinlich unterschiedlich schwer sind, ist die Wäsche möglichst in der Mitte des Koffers zu plazieren.

Bügeln auf der Reise

ist meist durch richtiges Packen leicht vermeidbar. Ein Trick, wenn die Hemden doch mal ein paar Falten aufweisen, ist, sie über der Wanne aufzuhängen und so lang heißes Wasser fließen zu lassen, bis der Dampf sie geglättet hat. Wer es ganz genau nimmt, verwendet ein Reisebügeleisen.

Fleckenentfernung

Ein Fleck ist eine auf dem Gewebe oder einer Fläche haftende Substanz, die ganz unterschiedlich beschaffen sein kann: weiß oder farbig, fettig oder klebrig usw. Das Gewebe spielt deshalb eine wichtige Rolle, da es von diesem abhängt, wie tief der Fleck in den Stoff eindringt und wie stark er haftet. Daher gibt es für verschiedene Flecken auf verschiedenen Arten von Gewebe auch verschiedene Mittel. Meist gilt: Je spezieller das gewählte Mittel ist, desto einfacher, schneller und gründlicher kann die Fleckenentfernung vonstatten gehen.

Daher ist vorher genau festzustellen, um welche Art von Fleck es sich handelt. Erst dann kann gezielt vorgegangen werden. Alle Flecken sollten sofort nach ihrem Entstehen behandelt werden. Ist ein Fleck noch frisch und nicht besonders hartnäckig, können ein weißes, fusselfreies Tuch, klares Wasser oder warme Seifenlauge genügen, um die Verunreinigung zu beheben.

SØR Pflegetip

Flecken so rasch wie möglich beheben.

Wenn man ein spezielles Mittel verwenden will, muß man sich vorher genau informieren, ob es auch geeignet ist, den Fleck zu entfernen. Es kann ansonsten genau das Gegenteil bewirken, und der Fleck sitzt noch tiefer im Gewebe. Spezialmittel sind den Universalmitteln dennoch vorzuziehen, da sie die Verunreinigung gezielter bekämpfen. Außerdem gibt es kein Mittel, das jeden Fleck beheben kann. Bei der Wahl des richtigen Mittels ist darauf zu achten, daß es weder gesundheits- noch umweltschädlich ist. Zunächst verwendet man ein mildes Mittel und erst danach die schärfere Variante. Ein Fleck darf nicht mit einem spitzen Gegenstand von der Kleidung entfernt werden, da das Gewebe so ernsthaft beschädigt werden kann.

Zuerst ist ein sauberes, saugfähiges Tuch unter das Kleidungsstück zu legen. Dann sollte die Fleckenbehandlung von außen nach innen vor sich gehen. So wird verhindert, daß sich der Fleck ausbreitet oder daß häßliche Ränder entstehen. Das gewählte Mittel ist erst an einer verdeckten Stelle des Kleidungsstücks auszuprobieren. So geht man sicher, daß es dem Gewebe wirklich nicht schadet. Natürlich spielen auch die Pflegehinweise auf dem Etikett eine wichtige Rolle.

SØR Pflegetip

Flecken von innen nach außen behandeln.

Am Ende ist der Stoff mit warmem Wasser auszuwaschen. Dadurch werden alle gelösten

Fleckenpartikel und auch die verbliebene Reinigungsflüssigkeit restlos ausgespült.

Wenn der Fleck trotzdem nicht verschwindet, bleibt noch die Möglichkeit, den Stoff mit einem farblich passenden Faden zu flicken. Karl Valentins Rat – "Wenn nichts hilft, mit der Schere kriegt man den Flecken schon heraus" – ist freilich nicht ernst zu nehmen.

Benzin

Eine Unterscheidung hinsichtlich der Stoffarten ist bei der Entfernung von Benzinflecken nicht nötig. Die Behandlung kann stets auf dieselbe Art und Weise durchgeführt werden.

SØR Pflegetip

Benzinflecken immer mit derselben Methode entfernen.

Zunächst wird die verunreinigte Stelle mit einer Paste aus Schlämmkreide, sogenanntem Wiener Kalk, und etwas Eukalyptusöl eingerieben. Anschließend ist das Kleidungsstück im Freien zu trocknen. Eventuell muß die Behandlung danach wiederholt werden. Wenn Reste bleiben, muß die Stelle zusätzlich mit Seife eingeschmiert und gewaschen werden. Besonders hartnäckige Flecken lassen sich mit Terpentinöl bekämpfen.

Eine Ausnahme ergibt sich bei Samt und anderen empfindlichen Stoffen. Anstelle von Schlämmkreide wird Kartoffelmehl verwendet. Außerdem kann man versuchen, den Fleck nach dem Trocknen einfach auszubürsten – aber nur sehr behutsam. Bei der Behandlung von hartnäckigen Flekken ist stark verdünnter Salmiakgeist dem Terpentinöl vorzuziehen.

SØR Pflegetip

Bei Samt und anderen empfindlichen Stoffen gibt es Ausnahmen.

Was für Benzin gilt, trifft auch auf die Entfernung von Petroleum- und Heizölflecken zu.

Bier

Bierflecken an Hemd, Pullover oder Sakko – bei einem gemütlichen Gaststättenbesuch oder im Biergarten ist es schnell passiert. Man muß sich nur einmal unbedacht auf die noch nicht abgewischte Theke oder auf einen Tisch lehnen. Schon entstehen unansehnliche und übel riechende Flekken.

Wer jedoch schnell handelt, am besten noch am gleichen Abend, der wird sich auch bei empfindlichen Stoffen nicht über bleibende Verunreinigungen beklagen können. Bierflecken lassen sich in lauwarmem Wasser mit einem Flüssigwaschmittel meist leicht lösen und dann auswaschen. Probleme ergeben sich nur, wenn sie bereits älter sind. Dann müssen sie zunächst mit Spiritus und Wasser vorbehandelt und danach ausgebürstet werden.

SØR Pflegetip

Bierflecken schnell behandeln.

Verschwinden die Verunreinigungen auch nach mehrmaliger Behandlung nicht, hilft ungesalzenes Kochwasser von weißen Bohnen. Meist lassen sich damit auch die hartnäckigsten Bierflecken tilgen.

Mit besonders empfindlichen Stoffen, zum Beispiel bei hochwertigen Anzügen, muß entsprechend behutsam umgegangen werden. Zuerst wird warmes Seifenwasser und dann klares Wasser verwendet. Danach kann man die angefeuchteten Stellen möglichst vorsichtig trocken reiben. Bei dunklen Anzügen empfiehlt sich auch eine Behandlung mit verdünntem Salmiakgeist.

Blut

Es kann beim Zwiebelschneiden passieren oder auch bei der Gartenarbeit. Eine kleine Unvorsichtigkeit, und man hat sich in den Finger geschnitten oder anderweitig verletzt. Und ebenso schnell ist das nächste Malheur passiert: häßliche Blutflekken an der Kleidung.

So lange der Fleck noch frisch ist, ist der Stoff so schnell wie möglich mit kaltem Wasser abzuspülen. Ehe das Kleidungsstück dann in die Wäsche gegeben wird, ist es in einer stark verdünnten Kristallsodalösung oder in kaltem Salzwasser einzuweichen. Bei der Erstbehandlung von Blutflekken ist zu beachten, daß stets kaltes Wasser verwendet wird. In warmen Wasser verschwinden die Flecken nicht, sondern werden unentfernbar.

SØR Pflegetip

Blutflecken zuerst mit
kaltem Wasser behandeln.

Wenn die Flecken bereits älter sind, sind sie zunächst mit verdünntem Salmiakgeist zu betupfen. Anschließend kann das Kleidungsstück gewaschen werden. Danach wird es an der Sonne gebleicht.

Flecken auf empfindlichen Stoffen werden zunächst ebenfalls mit kaltem Wasser behandelt. Danach eignen sich in erster Linie Kartoffelmehl und Maisstärke zur Entfernung. Man streut etwas davon auf die verschmutzten Fasern und lässt sie trocknen. Anschließend kann der Fleck mühelos ausgebürstet werden.

SØR Pflegetip

Kartoffelmehl und Maisstärke bei empfindlichen Stoffen.

Blutflecken auf Seide oder Samt können am besten mit einem in Alkohol getränkten Tuch behandelt werden. Für Samt ist auch verdünnter Essig oder Salmiakgeist geeignet.

Blütenstaub

Wenn der Frühling kommt und die Blumen auf der Wiese zu neuem Leben erwachen, ist dies sicherlich erfreulich. Da passiert es dem Spaziergänger schnell einmal, dass er – wieder zu Hause angekommen – Blütenstaubflecken auf der Kleidung entdeckt. Jetzt ist es wichtig, diese nicht noch tiefer in die Kleidung zu reiben. Lieber entfernt man ihn mit einem Klebestreifen oder rubbelt ihn mit Trockensteckmasse vom Floristen ab.

Brand- und Sengflecken

Jeder Raucher kennt das Problem. Eine kleine Unaufmerksamkeit reicht oft, und schon ist es passiert: Man hat Brand- und Sengflecken am Sakko, am Hemd oder an der Hose.

Solange die Fasern des Kleidungsstückes noch nicht verbrannt sind, läßt sich der Schaden jedoch wieder beheben. Es gibt mehrere Methoden zur Fleckenentfernung, die von Stoffart zu Stoffart unterschiedlich sind.

SØR Pflegetip

Bei Brandflecken: Nicht jede Methode eignet sich für jeden Stoff.

Weiße, kochfeste Stoffe können mit Salz und Zitronensaft, Essigwasser, Borax oder auch Puderzucker bestreut werden. Danach sollte das gewählte Mittel kurz in der Sonne auf das Gewebe einwirken und dann wieder ausgespült werden. Wenn das Kleidungsstück zum Schluß gewaschen und in der Sonne gebleicht wird, ist der Fleck verschwunden.

Bei weißen, waschbaren Stoffen empfiehlt sich zunächst eine Mischung aus Wasser und Spiritus. Das Kleidungsstück kann außerdem vor dem Waschen in einer Boraxlösung eingeweicht werden. Eine dritte Methode ist, den Flecken mit einer Zwiebelhälfte einzureiben, 15 Minuten zu warten, und die Stelle dann auszuspülen.

Brand- und Sengflecken auf farbigen, waschbaren Stoffen werden ausgebürstet, mit Boraxwasser abgewischt und am Ende mit Glyzerin eingerieben. Erst danach können sie gewaschen werden, ohne daß das Gewebe auf Dauer beschädigt bleibt. Glyzerinlösung eignet sich zudem bei Flecken auf besonders empfindlichen Stoffen und Kunstfasern.

SØR Pflegetip

Glyzerin empfiehlt sich bei Brandflecken auf empfindlichen Stoffen.

Dunkle Seide und Samt können mit einer Mischung aus Wasser und Spiritus behandelt werden. Flecken auf heller Seide lassen sich mit einem Brei aus Natron und Wasser entfernen.

Wollkleidung ist mit einer Paste aus Ton, Zucker, Stärke und Wasser zu reinigen. Läßt man diese eine Zeit lang eintrocknen, kann man den Fleck ausbürsten.

Deodorant

Bei diesen Flecken nützt es, die Kleidung eine Zeit lang in verdünnter Essiglösung einzuweichen. Es empfiehlt sich, verdünnte Essigessenz oder farblosen Essig zu verwenden und die Kleidung danach wie üblich zu waschen.

Druckerschwärze

Auch bei diesen Flecken nützt es wenig, daran herumzureiben. Dies kann im Gegenteil das Ganze noch verschlimmern. Es gibt verschiedene Arten der Behandlung von Tonerflecken. Eine davon ist den Toner so gut es geht mit einem Staubsauger zu entfernen und anschließend mit Shampoo auszuspülen. Hier gilt es nicht zu viel Druck auszuüben. Des weiteren besteht die Möglichkeit Kulientferner zu verwenden und das Kleidungsstück anschließend normal in der Waschmaschine zu waschen.

Ei

Wer morgens gemütlich sein Frühstücksei genießt und sich einen Eigelbfleck einhandelt, braucht sich keine Sorgen zu machen. Meist ist der Schaden schnell wieder behoben. Allerdings sollte keiner versuchen, ihn durch Reiben zu beseitigen. Das Kleidungsstück ist dann nicht mehr zu retten. Der Fleck wird nie mehr völlig zu tilgen sein.

SØR Pflegetip

Bei Eigelbflecken nicht reiben.

Stattdessen muß das Eigelb erst einmal eintrocknen. Gröbere Partikel lassen sich vorsichtig mit den Fingern entfernen. Das einzige Mittel, zu dem sofort gegriffen werden darf, ist Kochsalz, das man dick auf den Stoff streuen kann. Ist er erstmal eingetrocknet, läßt sich der Fleck oft ganz leicht ausbürsten. Falls trotzdem noch Reste bleiben, hilft es, die Stelle mit kaltem Wasser zu betupfen.

Natürlich ist der Fleck nicht immer so schnell und leicht zu beseitigen. Dann wird das Kleidungsstück zusätzlich mit der Hand in einer lauwarmen Seifenlösung gewaschen. Hier ist sowohl Kern- als auch Gallseife ratsam.

Auch Salmiakgeist empfiehlt sich. Er wird zur Entfernung von Eigelbflecken auf weißen, kochfesten Stoffen benutzt. Ganz besonders kann er bei empfindlichen Stoffen wie Seide und Samt nützlich sein. Hier ist der Fleck zunächst mit stark verdünntem Salmiakgeist zu behandeln. Anschließend wird mit Wasser nachgewischt.

Oft kommt es vor, daß man eine Verunreinigung nicht sofort bemerkt, sondern erst einige Stunden oder gar Tage später. Auch für diesen Fall gibt es ein Mittel. Alte Flecken lassen sich vor dem Waschen mit Glyzerin aufweichen.

SØR Pflegetip

Eiweiß nie mit heißem Wasser lösen.

Eiweißflecken kommen seltener vor und schaden der Kleidung weniger. Bei der Entfernung kann jedoch ein schwerer Fehler unterlaufen. Wird der Fleck mit heißem Wasser behandelt, verhärtet er sich und wird unlöslich. Das Kleidungsstück ist für immer ruiniert. Daher darf er nur mit kaltem Wasser und einem Schuß Salmiakgeist ausgewaschen werden. Dann ergeben sich keine Probleme.

Erde

Bei der Gartenarbeit sind Erdflecken keine Seltenheit. Man kann ihnen am besten durch Naßmachen der betroffenen Stelle und Schrubben derselben, bis nur noch ein heller Fleck zu sehen ist, beikommen. Nun braucht man das Kleidungsstück nur noch in die Waschmaschine zu stecken. Des weiteren kann es hilfreich sein, Gallseife zu verwenden und die Kleidung sofort einzuweichen.

Farbe

Bei einem Farbfleck ist zunächst wichtig, um welche Art von Farbe es sich handelt. Denn wenn man zur Entfernung eines bestimmten Flecken einmal die falsche Methode gewählt hat, ist das Kleidungsstück meist gar nicht mehr zu säubern.

Handelt es sich um wasserlösliche Farbe, ist der Schaden schnell behoben. Die verunreinigte Stelle muß nur mit Seife vorbehandelt werden. Danach kann man das Kleidungsstück bedenkenlos waschen. Gall- oder Kernseife sind am wirkungsvollsten.

SØR Pflegetip

Flecken von wasserlöslichen Farben mit etwas Seife beheben.

Bei der Entfernung von Kalk ist darauf zu achten, den Fleck so schnell wie möglich zu behandeln. So kann man versuchen, ihn einfach abzuwischen, darf ihn durch das Wischen aber nicht noch vergrößern. Anschließend ist die verschmutzte Stelle mit verdünntem Essig einzuweichen, bevor man das Kleidungsstück wäscht. Kalkflecken ist auch mit Zitronensaft beizukommen.

SØR Pflegetip

Bei Kalkflecken helfen Essig oder Zitronensaft.

Flecken, die von Ölfarben herrühren, sind hartnäckiger. Hier können verschiedene Mittel helfen. Ein Ölfleck wird vor dem Waschen entweder mit Terpentinöl, mit verdünntem Salmiakgeist oder mit einer Mischung aus gleichen Teilen Terpentinöl, Salmiakgeist und Spiritus aufgeweicht. Bei älteren Verunreinigungen helfen meist nur Terpentinöl oder Terpentingeist weiter.

Terpentinöl ist auch wirkungsvoll, wenn es um die Entfernung von Lackfarben geht. Ebenso eignet sich hier Petroleum. Man muß bei der Behandlung jedoch sehr behutsam vorgehen. Der Fleck sollte mit dem Mittel nur vorsichtig betupft werden. Danach ist es ebenso vorsichtig mit einem Löschpapier wieder aufzusaugen. Die Ränder können zusätzlich mit Spiritus oder Weingeist behandelt werden.

SØR Pflegetip

Terpentinöl empfiehlt sich bei
Öl- und Lackfarbe.

Acrylfarbe ist nur schwer zu entfernen. Zunächst vermischt man Spiritus mit einigen Tropfen Salmiakgeist und betupft den Fleck damit. Wieder ist die Flüssigkeit anschließend mit einem Löschpapier aufzusaugen. Vor dem Waschen muß der Vorgang möglicherweise mehrmals wiederholt werden.

Bei Farbflecken auf empfindlichen Stoffen, zum Beispiel Seide oder Samt, ist es notwendig, das gewählte Mittel besonders sorgfältig und sparsam einzusetzen. Sinnvoll ist, die Behandlung zunächst nur probeweise an einer kleinen Stelle durchzuführen.

Fett

Jede Hausfrau und natürlich auch jeder Hausmann kennt das Problem: Wenn man bei der Arbeit in der Küche keine Schürze trägt, sind Fettspritzer auf der Kleidung eher die Regel als die Ausnahme. Meist aber sind sie ebenso leicht zu entfernen wie sie entstehen.

Oft genügt es, die Flecken mit Spülmittel oder mit etwas lauwarmen Wasser und Seife vorzubehandeln. Nach der nächsten Maschinenwäsche ist die Kleidung dann meist schon wieder sauber. Eine Vorbehandlung kann auch mit flüssigem Feinwaschmittel vorgenommen werden. Hausbenzin empfiehlt sich bei Kleidungsstücken aus Wolle. Aceton ist ebenfalls wirkungsvoll. Es kann jedoch durchaus die Farben des Kleidungsstückes in Mitleidenschaft ziehen.

SØR Pflegetip

Vorsicht mit Aceton: Die Farben der Kleidung können leiden.

Wenn sich die Flecken nicht so leicht entfernen lassen, benötigt man etwas mehr Zeit und Geduld. Es eignen sich nämlich auch Kartoffelmehl, Maismehl, Roggenmehl, Talkpuder oder Ton zur Fettfleckenbehandlung. Bestreut man den Stoff damit und läßt ihn dann trocknen, kann der Fleck in der Regel mühelos ausgebürstet werden. Spätestens nach dem nächsten Waschen verschwindet er endgültig.

Handelt es sich jedoch um einen besonders hartnäckigen oder sehr alten Fettfleck, hilft Kristallsodawasser weiter. Man muß den Stoff darin einweichen, danach mit Seife einreiben und möglichst heiß waschen. Ebenso kann Weingeist, in Weingeist aufgelöstes Salz oder Seifenspiritus verwendet werden.

Bei farbigen Stoffen und Wolle gibt es noch eine weitere Methode. Hier darf der Stoff mit Kölnisch Wasser oder Eukalyptusöl vorbehandelt werden. Danach ist das Kleidungsstück heiß zu waschen. Bei farbigen, waschbaren Stoffen besteht jedoch auch die Möglichkeit, den Fleck zwischen Löschpapier auszubügeln. Besonders alte Fettflecken auf Wolle sind zu tilgen, indem sie vor dem Waschen mit verdünntem Salmiakgeist (Verhältnis 1 : 5) eingeweicht werden.

Flecken auf Seide sind mit Kölnisch Wasser zu entfernen. Bei schwarzer Seide ist jedoch Salmiakgeist zu bevorzugen. Samt kann mit Spiritus behandelt werden. Außerdem ist es hilfreich, den Fettfleck vorher mit ungesalzener Butter einzureiben.

Die meisten der genannten Methoden zur Entfernung von Fett helfen auch bei Ölflecken weiter.

Gemüseflecken

Nicht alle Gemüseflecken lassen sich mit der gleichen Methode entfernen. Besonders Spinat-

und Tomatenflecken bedürfen einer speziellen Behandlung.

SØR Pflegetip

Spinat- und Tomatenflecken bedürfen einer besonderen Behandlung.

Tomatenflecken sollten möglichst sofort entfernt werden. Meist sind sie mit warmem Seifenwasser sehr einfach zu beheben. Älteren Verunreinigungen ist dagegen nur mit viel Mühe beizukommen. Eventuell muß die Behandlung mehrmals wiederholt werden.

Spinatflecken sind mit einer rohen Kartoffelscheibe abzureiben. Dann können sie mit Seifenwasser ausgewaschen werden.

Alle anderen Gemüseflecken auf unempfindlichen Stoffen müssen zuerst mit kaltem Wasser abgerieben oder abgespült werden. Danach ist das Kleidungsstück in einer Boraxlösung einzuweichen und kann anschließend an der Sonne gebleicht werden. Nur Wollstoffe darf man nicht bleichen.

SØR Pflegetip

Wollstoffe nicht an der Sonne bleichen.

Flecken auf Seide, Samt und anderen empfindlichen Stoffen sind möglichst schnell mit kaltem Wasser abzuwischen. Manchmal muß die Behandlung mehrmals wiederholt werden, ehe die Kleidung wieder sauber ist.

Gemüseflecken auf Seide lassen sich auch durch eine andere Methode entfernen. Man kann den Stoff mit einem Tuch behandeln, das vorher mit einer Mischung aus Wein- und Salmiakgeist (Verhältnis 3:1) angefeuchtet worden ist. Es empfiehlt sich jedoch, sofort mit klarem Wasser nachzuwischen.

Gras

Man kann bei einem gemütlichen Picknick im Grünen oder bei der Gartenarbeit noch so vorsichtig sein: Schneller als man denkt, prangen häßliche Grasflecken an Hemd oder Hose.

Jeder wird wahrscheinlich zuerst versuchen, die grünen Flecken mit Wasser zu entfernen. Doch genau das ist falsch. Denn einmal mit Wasser vorbehandelt, sind sie entweder gar nicht mehr oder nur noch sehr schwer zu tilgen.

SØR Pflegetip

Grasflecken nie mit Wasser behandeln.

Grasflecken werden also immer mit speziellen Mitteln bekämpft. Sie können etwa mit verdünntem Salmiakgeist oder mit Zitronensaft beträufelt oder vorsichtig eingerieben werden. Wenn das Kleidungsstück danach heiß gewaschen und anschließend in der Sonne gebleicht wird, ist der Fleck verschwunden. Weniger hartnäckige Flekken auf weißen, kochfesten oder farbigen, waschbaren Stoffen ist auch mit Weingeist beizukommen.

Ältere Flecken lassen sich mit einem einfachen Hausmittel tilgen. Zunächst ist die beschmutzte Stelle in Sauermilch einzuweichen. Spült man sie danach mit frischer Milch aus, ist das Kleidungsstück wieder sauber.

Für Seide oder Samt empfehlen sich die genannten Mittel nicht. Hier lassen sich Grasflecken nur mit einer Mischung aus Seifenspiritus und Salmiakgeist (Verhältnis 3:1) tilgen. Bei Flanell hilft eine Mischung aus Eiweiß und Glyzerin weiter. Flecken auf hellen Sommerkleidern werden mit Weingeist behandelt.

SØR Pflegetip

Bei Grasflecken auf hellen Sommerkleidern Weingeist verwenden.

Grauschleier

Für helle Kleidungsstücke ist er geradezu prädestiniert: der Grauschleier. Hier eignet sich wiederum Essig, um dem Problem Abhilfe zu schaffen. Man hat nun entweder die Möglichkeit die Kleidung vor dem Waschen in verdünntem Essig einzuweichen oder einen Schuss davon dem letzten Waschgang beizufügen. Wichtig ist wieder, dass man farblosen Essig verwendet.

Waschsoda und auch Backmittel, in den Hauptwaschgang gegeben, beugen dem Grauschleier vor. Eine sehr umweltfreundliche Alternative ist, die Wäsche eine Zeit lang in die pralle Sonne zu legen. Bei all diesen Tipps ist es wichtig zu beachten, dass sie empfindliche Fasern wie Wolle oder Seide schädigen können. Hier ist also Vorsicht ratsam.

Harnstoff

Harnflecken bekommt man am besten aus der Kleidung, indem man sie zuerst mit viel Salz abreibt und danach alles mit kaltem Wasser abwäscht. Reicht diese Behandlung nicht aus, so ist eine Nachbehandlung mit Ammoniak vonnöten. Schließlich alles noch einmal mit einer Essiglösung abtupfen und wie gewohnt waschen.

Harz

Ebenso wie Gras- können auch Harzflecken als unwillkommene Erinnerung an einen Ausflug ins Grüne zurückbleiben.

Zuerst ist der Fleck vorsichtig abzukratzen. Anschließend empfiehlt es sich bei den meisten Stoffen, die verunreinigte Stelle mit Alkohol, Spiritus, Seifenspiritus, Terpentinöl oder Weingeist zu behandeln. Man befeuchtet ein kleines Tuch mit einem dieser Mittel und wischt den Fleck ab. Danach kann er mit einem Stück Löschpapier aufgesaugt werden. Manchmal muß man es mehrmals versuchen.

Größere Harzflecken können mit einer Mischung aus Eigelb und Terpentinöl aufgeweicht werden. Anstelle des Eigelbs kann auch Sesamöl verwendet werden. Die Mischung muß mindestens eine Stunde lang auf die Stelle einwirken. Danach wird der Fleck mit Terpentinöl ausgerieben und schließlich mit heißem Seifenwasser gewaschen.

SØR Pflegetip

Große Harzflecken mit Eigelb und Terpentinöl behandeln.

Ältere Flecken lassen sich mit Butter aufweichen. Das gelöste Harz wird mit einem Messer behutsam abgekratzt. Anschließend kann der Rest mit Seifenspiritus abgewaschen werden.

Wolle darf nicht mit den genannten Mitteln behandelt werden. Stattdessen ist sie erst mit Schmalz und dann mit Seife einzureiben. Danach kann das Kleidungsstück gewaschen werden. Dabei ist es wirkungsvoll, dem Wasser einige Tropfen Terpentinöl beizufügen.

Für Flecken auf weißer Wolle gilt dagegen eine andere Methode. Zunächst ist der Stoff mit einem Brei aus Eigelb und Terpentinöl zu streichen, den man anschließend eine Weile trocknen läßt. Dann kann die Mischung mit einem Messer vorsichtig wieder abgenommen werden. Die Fleckenränder sind mit verdünntem Salmiakgeist – vermischt mit einigen Tropfen Terpentinöl – abzureiben. Abschließend kann man noch mit warmem Seifenwasser nachwaschen.

Ebenso wie die Behandlung von Wolle erfordert auch die Entfernung von Harzflecken auf Seide und Samt Zeit und Mühe. Zunächst ist die verunreinigte Stelle mit Butter zu bestreichen. Wenn sie eingetrocknet ist, wird sie mit einem Messer vorsichtig entfernt. Dann sollte der Fleck zusätzlich mit Kartoffelmehl und Alkohol behandelt und vorsichtig ausgebürstet oder auf Löschpapier ausgebügelt werden. Unter Umständen lohnt es sich, den Vorgang mehrmals zu wiederholen.

SØR Pflegetip

Für die Entfernung von Harz auf Seide und Samt viel Zeit nehmen.

Sofern es der Stoff erlaubt, sind die Flecken auf Samt zunächst mit Terpentingeist zu befeuchten. Dann kann die Rückseite auf Löschpapier gebügelt werden. Anschließend wird die Vorderseite noch einmal mit Weingeist aufgeweicht. Zum Schluß ist der Fleck behutsam auszubürsten. Besonders empfindliche Samtstoffe lassen sich auch mit der Methode für Seide reinigen.

Auch für andere empfindliche Stoffe empfiehlt sich diese Methode. Jedoch gibt es hier eine Abweichung. Der Fleck darf nicht mit Kartoffelmehl und Alkohol bestrichen werden, sondern mit einer Paste aus Maismehl und Alkohol.

Honig

Honigflecken werden einfach mit warmem Wasser ausgewaschen.

Jod

Jodflecken sind nur mit viel Mühe zu entfernen. Außerdem müssen sie ganz besonders schnell behandelt werden.

Der Fleck wird leicht angefeuchtet, mit einer rohen Kartoffel eingerieben und dann mit klarem Wasser ausgespült. Danach wird er jedoch nur ein wenig dunkler. Man muß den Vorgang also so lange wiederholen, bis er ganz verschwunden ist. Anschließend wird das Kleidungsstück noch mit Seife gewaschen.

Ältere Jodflecken sind vorher zusätzlich mit verdünntem Salmiakgeist abzureiben.

SØR Pflegetip

Ältere Jodflecken mit verdünntem Salmiakgeist behandeln.

Flecken auf Wolle bedürfen einer anderen Behandlung. Zwar kann die verschmutzte Stelle ebenfalls zuerst mit einer rohen Kartoffel eingerieben werden. Danach aber wird die verunreinigte Wolle in einer vorbereiteten und gesiebten Waschlauge aus kleingeschnittenen, rohen Kartoffeln und Wasser eine Stunde lang eingeweicht. Falls dann beim Spülen mit kaltem Wasser der Fleck nicht auf Anhieb verschwindet, muß man es noch einmal versuchen.

Auch empfindliche Stoffe wie Seide oder Samt lassen sich mit einer rohen Kartoffelscheibe behandeln. Ebenso ist hier die Nachbehandlung mit Salmiakgeist sehr wirkungsvoll.

Kaffee

Bei Kaffee ist zunächst wichtig, ob er Milch enthalten hat oder nicht. Denn Flecken mit Milch bedürfen einer anderen Behandlung als diejenigen ohne Milch. Die Methoden dürfen nicht miteinander verwechselt werden.

Flecken mit Milch müssen zuerst mit kaltem Wasser behandelt werden. Empfindliche Gewebe darf man nur leicht betupfen – bei weniger hochwertigen Stoffen kann man den Fleck ausspülen. Auf jeden Fall werden auf diese Weise alle Milchreste entfernt.

SØR Pflegetip

Kaffeeflecken mit Milch zuerst mit kaltem Wasser behandeln.

Der Fleck ist weiter zu beheben, indem man die verschmutzte Stelle mit warmem Glyzerin einreibt und dann in warmem Wasser auswäscht. Möglicherweise muß der Vorgang wiederholt werden. Wer zusätzlich Seife verwenden möchte, darf nur zu Gallseife greifen. Diese Behandlung hilft auch bei Flecken auf empfindlichen Stoffen, zum Beispiel auf Seide oder Samt.

Gelingt es trotzdem nicht den Fleck zu tilgen, müssen andere Methoden angewendet werden. So kann man den verunreinigten Stoff in kaltem, verdünntem Salmiakgeist und danach in kaltem

Salzwasser spülen. Auch Boraxwasser eignet sich zur Entfernung von hartnäckigen Kaffeeflecken mit Milch.

Eine andere Methode hilft bei empfindlichen Stoffen. Die verunreinigte Stelle kann in frische Milch eingelegt und so lange darin belassen werden, bis die Milch sauer geworden ist. Danach läßt sich der Fleck mit lauwarmem Wasser auswaschen.

Unabhängig davon, um welchen Stoff es sich handelt, bereiten reine Milchflecken keine Probleme. Wenn sie mit kaltem Wasser behandelt und dann heiß ausgewaschen werden, sind sie bereits wieder behoben. Auf Seide oder Samt entfernt man sie mit lauwarmem Wasser.

Bei Kaffeeflecken ohne Milch empfiehlt sich zuerst lauwarmes Seifenwasser, wobei Gallseife zu bevorzugen ist. Etwas Weingeist kann hinzugefügt werden, um die Wirkung zu verstärken. Zur weiteren Behandlung gibt es verschiedene Methoden, die jedoch von Stoffart zu Stoffart variieren.

SØR Pflegetip

Kaffeeflecken ohne Milch zuerst mit lauwarmem Seifenwasser behandeln.

Bei alten Flecken auf weißen, kochfesten Stoffen ist folgendes Vorgehen ratsam: Der Fleck wird in lauwarmem Salzwasser eingeweicht, mit Eigelb und Glyzerin eingerieben und schließlich erst in kaltem und dann in lauwarmem Wasser gespült. Anschließend ist das Kleidungsstück in der Sonne zu bleichen. Die Behandlung mit Eigelb und Glyzerin ist auch bei Wollstoffen wirkungsvoll.

Flecken auf weißen, waschbaren Stoffen lassen sich auf zweierlei Art entfernen. Man kann den Stoff mit Schmier- oder Kernseife einreiben, dann über eine Schüssel spannen und kochendes Wasser über die verunreinigte Stelle gießen. Der Fleck kann auch mit warmem Glyzerin eingerieben und danach mit Boraxwasser ausgewaschen werden.

Farbige, waschbare Stoffe lassen sich durch das Einlegen in Milch reinigen. Sobald die Milch sauer geworden ist, wird der Fleck mit lauwarmem Wasser ausgewaschen.

Die Behandlung mit Eigelb und Glyzerin eignet sich auch bei Seide. Allerdings muß die Mischung mindestens 30 Minuten lang einwirken. Ebenso kann der Fleck mit einem Stück Flanellstoff, das man leicht mit warmem Seifenwasser angefeuchtet hat, behutsam ausgerieben werden.

Kakao

Was für die Behebung von Blutflecken gilt, ist auch bei der Entfernung von Kakao zu beachten. Die Erstbehandlung darf nicht mit warmem Wasser durchgeführt werden, da sich der Fleck so festsetzt und nur noch schwer oder gar nicht mehr zu entfernen ist.

Statt dessen ist der verunreinigte Stoff über einer Schüssel auszubreiten und zuerst mit kaltem Wasser zu befeuchten. Erst danach darf heißes Wasser darübergegossen werden. Nach einem anschließenden Einweichen des Kleidungsstückes in Salz- oder Boraxwasser verschwindet der Fleck beim nächsten Waschen. Ebenso wirkungsvoll ist es, den Fleck vor dem Waschen mit Eigelb und Glyzerin zu behandeln.

SØR Pflegetip

Bei Kakaoflecken erst kaltes, dann heißes Wasser verwenden.

Natürlich kann es vorkommen, daß besonders hartnäckige Flecken auch nach dem Waschen noch zu sehen sind. Dann können die Reste meist recht leicht mit ungesalzenem Kochwasser von weißen Bohnen oder Kartoffeln entfernt werden.

Das ungesalzene Kochwasser weißer Bohnen hilft auch bei Kakaoflecken auf Seide weiter. Zuvor muß die verschmutzte Stelle jedoch mit kaltem Wasser vorbehandelt werden. Außerdem eignet sich warmes Boraxwasser zur Behandlung von Seide. Auch Verunreinigungen auf Samt können damit behoben werden.

Bei anderen empfindlichen Stoffen empfiehlt es sich, den Stoff so lange in Milch einzulegen, bis sie sauer geworden ist. Danach kann der Fleck erst mit kaltem und dann mit heißem Wasser ausgewaschen werden.

Kaugummi

Um Kaugummi zu entfernen, gibt es eine ebenso ungewöhnliche wie wirkungsvolle Behandlungsmethode.

Das Kleidungsstück wird zunächst in einen Beutel eingepackt und dann eine Stunde lang in die Gefriertruhe gelegt. Durch die Kälte wird der Kaugummi allmählich bröcklig. Wenn dieser Zustand nach einer Stunde noch nicht erreicht ist, kann man das Kleidungsstück auch länger im Eisschrank belassen.

Meist genügen jedoch knapp 60 Minuten. Der Fleck läßt sich dann sehr einfach ausbürsten. Außerdem kann die verunreinigte Stelle noch leicht mit Alkohol eingerieben werden. Spätestens nach einer anschließenden Wäsche der verschmutzten Kleidung ist der Schaden behoben. Nur bei Wolle und Samt darf Alkohol nicht verwendet werden. Hier sind Flecken nur behutsam mit einer Bürste zu entfernen.

SØR Pflegetip

Kaugummi auf Seide und Wolle nie mit Alkohol nachbehandeln.

Klebstoff

Natürlich ist dem Heimwerker oder Bastler das Malheur schnell passiert, daß er sich bei seinem Hobby einen Klebstoffleck einhandelt. Sicherlich hält sich der Schaden meist in Grenzen, da sich wohl die wenigsten in ihrer besten Garderobe an die Arbeit machen. Schwierig bleibt die Behandlung allemal.

Spezielle Klebstoffe – wie Alleskleber, Zweikomponentenkleber und Sekundenkleber – sind nämlich selbst mit den von den Herstellern empfohlenen Mitteln nur schwer zu tilgen. Außerdem handelt es sich dabei meist um sehr scharfe Lösungsmittel, die erstens den Stoff in Mitleidenschaft ziehen und zweitens wenig umweltfreundlich sind.

SØR Pflegetip

Vorsicht bei scharfen Lösungsmitteln.

Herkömmliche Papierklebstoffe – hierzu zählen alle Arten von Klebe- und Gummierstiften sowie alle Kleber auf Basis natürlicher Stoffe – können dagegen leicht entfernt werden. Oft läßt sich der Fleck mit einem scharfen Messer einfach vom Stoff abkratzen.

Dann kann er entweder in lauwarmem Wasser gespült oder über Nacht in Seifen- oder Sodawasser eingeweicht werden. Wird er anschließend zusätzlich mit warmem Essig behandelt, dürfte der Fleck nach dem nächsten Waschen verschwunden sein. Man kann den Fleck vor dem Waschen auch mit Spiritus anfeuchten und die Flüssigkeit dann mit einem Löschpapier entfernen.

Spiritus empfiehlt sich auch, wenn nach dem Waschen noch Fleckenreste bleiben. Bei weißen, waschbaren Stoffen und Wolle hilft jedoch eher Feuerzeugbenzin weiter. Allerdings darf dieses Mittel nur im Notfall verwendet werden.

SØR Pflegetip

Spiritus zur Behebung von
Fleckenresten verwenden.

Klebstofflecken auf empfindlichen Stoffen bleiben wohl eher die Ausnahme. Wenn dennoch ein Malheur passiert, ist der Fleck zuerst mit einem scharfen Messer vorsichtig abzukratzen. Danach sind warmes Wasser und warmer Essig wirkungsvoll. Notfalls kann auch noch Spiritus verwendet werden.

Kugelschreiber

Eine ungeschickte Handbewegung beim Briefeschreiben oder bei der Büroarbeit – schon ist es passiert: ein Kugelschreiberfleck an Hemd oder Hose. So schnell, wie er entsteht, läßt er sich allerdings nicht entfernen. Also: Nicht überstürzt handeln!

Wenn man sich etwas Zeit nimmt und behutsam vorgeht, gibt es jedoch genügend Mittel, um ihn wieder zu beseitigen. Zuerst behandelt man den Stoff mit Alkohol, Hausbenzin oder Zitronensaft. Der Fleck läßt sich dann oft problemlos auswaschen. Dennoch ist hier Vorsicht geboten. Alkohol eignet sich bei Flecken auf Wolle nicht.

SØR Pflegetip

Alkohol ist bei Kugelschreiberflecken auf Wolle nicht geeignet.

Statt dessen eignet sich bei Wolle Kölnisch Wasser oder Seifenspiritus. Kölnisch Wasser hilft auch bei empfindlichen Stoffen wie Seide oder Samt weiter. Hier kann die Fleckenbekämpfung auch durch Alkohol geschehen.

Weitere Mittel, um Kugelschreiberflecken zu beheben, sind erwärmter Zitronensaft und Weingeist. Sie werden jedoch nur bei weniger empfindlichen Stoffen verwendet.

Ebenso kann versucht werden, den Fleck einfach durch einen Killer zu entfernen. Hierbei muß man jedoch sehr behutsam vorgehen, um den Schaden nicht noch zu vergrößern.

Lippenstift

Flecken, die durch Lippenstift verursacht wurden, sind oft sehr verräterisch, aber nicht sehr hartnäckig. Oft sind sie nach dem ersten Waschen des verunreinigten Kleidungsstückes schon wieder verschwunden.

Natürlich kann eine Vorbehandlung nicht schaden. Eukalyptusöl oder Glyzerin empfiehlt sich bei den meisten Stoffen zuerst. Mit diesen Mitteln wird der Fleck aufgeweicht. Wenn noch Reste bleiben, können sie mit verdünntem Salmiakgeist entfernt werden.

SØR Pflegetip

Bei Flecken durch Lippenstift Glyzerin oder Eukalyptusöl verwenden.

Glyzerin hilft darüber hinaus bei Wolle weiter. Jedoch muß die verunreinigte Stelle zuerst einige Stunden lang eingeweicht werden. Glyzerin eignet sich auch für Seide und Samt. Der Fleck wird anschließend allerdings zusätzlich mit verdünntem Salmiakgeist eingerieben. Anderen empfindlichen Stoffen tut außerdem eine Nachbehandlung mit warmem Seifenwasser gut.

Mayonnaise

Mayonnaise-, Senf- und Curryflecken entstehen oft nicht nur am selben Grillabend, sondern können auch mit denselben Methoden entfernt werden. Man muß bei der Behandlung allerdings besonders behutsam verfahren, da sich die Flecken bei falschem Vorgehen leicht vergrößern können.

Zuerst ist der Stoff mit lauwarmem Wasser zu behandeln. Man kann den Fleck darin ausspülen. Empfindliche Stoffe werden nur leicht betupft. Bei farbigen, waschbaren Stoffen und bei Wolle kann der Fleck auch behutsam mit einem Messer entfernt werden.

SØR Pflegetip

Bei Mayonnaiseflecken zuerst lauwarmes Wasser verwenden.

Danach legt man das Kleidungsstück auf eine saugende Unterlage und reibt die verschmutzte Stelle mit Glyzerin ein. Verschwindet der Fleck beim nächsten Waschen trotzdem nicht, muß er mit verdünntem Salmiakgeist nachbehandelt werden.

Seide oder Samt dürfen nicht mit Glyzerin behandelt werden. Statt dessen empfehlen sich hier Kölnisch Wasser, Spiritus und Weingeist. Gleiches gilt für andere empfindliche Stoffe.

SØR Pflegetip

Empfindliche Stoffe dürfen nicht mit Glyzerin behandelt werden.

Nagellack

Mit Aceton bekommt man Nagellackflecken am besten aus der Kleidung. Es ist allerdings ratsam das Mittel vorher an einer unauffälligen Stelle auszuprobieren um zu sehen, ob der Stoff es verträgt.

Obst

Obst ist gesund – Obstflecken sind keineswegs immer tragisch! Wenn das Kleidungsstück wie gewöhnlich gewaschen und in der Sonne gebleicht wird, ist es oft schon wieder sauber. Bei hartnäckigen Verunreinigungen kann dem verwendeten Waschmittel noch Fleckensalz (z.B. Sil) beigegeben werden.

Genügt ein Waschgang nicht, gibt es natürlich noch andere Methoden. Frische Flecken können gelöst werden, indem das verunreinigte Kleidungsstück über heißen Sodawasserdampf gehalten wird. Weiterhin können sie vor dem Waschen mit warmem Alkohol, Zitronensaft, Essig, Salz, weißem Johannisbeersaft oder Weinsteinsäure behandelt werden.

SØR Pflegetip

Frische Obstflecken stellen kein großes Problem dar.

Alte Flecken können entfernt werden, indem sie in Milch oder ungesalzenem Kochwasser von Kartoffeln oder weißen Bohnen eingeweicht werden. Ebenso kann man verdünnten Salmiakgeist verwenden.

Salmiakgeist hilft ebenfalls bei besonders empfindlichen Stoffen weiter. Auch Seifenspiritus ist hier wirkungsvoll.

Probleme entstehen bei Flecken von bestimmten Obstsorten. Hier gibt es spezielle Methoden.

SØR Pflegetip

Bei manchen Obstsorten helfen nur besondere Methoden weiter.

Beerenflecken werden mit ungesalzenem Kochwasser von weißen Bohnen oder Kartoffeln entfernt. Ebenso lassen sie sich durch Einweichen des Stoffes in Sauermilch oder Boraxwasser beheben.

Kleidungsstücke mit Heidelbeerflecken können zunächst in Buttermilch eingeweicht werden. Anschließend den Stoff zuerst mit kaltem und dann mit heißem Wasser ausspülen. Außerdem lassen sich diese Flecken beheben, indem man sie mit Zitronensaft betupft.

Bei Kirschflecken helfen weißer Kirschsaft, Zitronensaft und auch Weinsteinsäure weiter. Ebenso kann die Stelle in Seifenwasser gespült und anschließend mit Milch betupft werden. Die Milch muß einige Stunden einwirken, ehe man das Kleidungsstück wäscht.

Pfirsich- und Orangenflecken lassen sich mit Glyzerin aufweichen. Einen Tag später kann das Kleidungsstück dann gewaschen werden. Möglicherweise verschwindet der Fleck jedoch erst nach mehrmaligem Waschen. Dann ist auch die Behandlung mit Glyzerin zu wiederholen.

Parfüm

Parfümflecken werden zuerst mit einem Erfrischungstuch ausgerieben. Anschließend wird das betroffene Kleidungsstück normal gewaschen.

Rost

Rost an Kleidungsstücken ist besonders unansehnlich und auch nur schwer zu tilgen. Vor allem alten Flecken ist nur durch besondere Mittel beizukommen. Die verunreinigte Stelle muß zuerst mit einer Mischung aus einem Teil Oxalsäure, vier Teilen Glyzerin und fünf Teilen Wasser betupft werden. Danach wird das Kleidungsstück vor dem Waschen kurz in die Sonne gehängt.

Wenn es sich um helle Stoffe handelt, lassen sich frische Flecken mit Zitronensaft entfernen. Danach muß die Stelle jedoch gut ausgespült werden. Diese Methode eignet sich für weniger empfindliche Stoffe, aber auch für Wolle und hochwertiges Gewebe wie Seide und Samt.

SØR Pflegetip

Rostflecken auf hellen Stoffen mit Zitronensaft behandeln.

Weiße, kochfeste Stoffe können auch mit Weinsteinsäure behandelt werden. Ebenso ist eine Mischung aus Alaun und Weinsteinsäure hilfreich. Danach muß der Fleck möglichst rasch ausgewaschen werden.

Handelt es sich nicht um einen hellen Stoff, ist anders zu verfahren. Flecken auf Seide, Samt oder anderen empfindlichen Geweben sind dann zuerst mit Seifenspiritus abzureiben. Erst anschließend kann Zitronensaft verwendet werden. Zum Abschluß wird die Stelle mit reinem Spiritus behandelt. Ebenso lassen sich Rostflecken auf Seide tilgen, wenn die Stelle mit Essig befeuchtet und dann Buchholzasche daraufgestreut wird. Anschließend muß der Fleck nur noch ausgewaschen werden.

SØR Pflegetip

Spiritus eignet sich bei Rost auf empfindlichen Stoffen.

Bei farbigen, waschbaren Stoffen und Wolle ist es wirkungsvoll, den Fleck vor dem Waschen über Nacht in Butter- oder Sauermilch einzuweichen.

Rotwein

Kurt Tucholsky soll einmal gesagt haben: „Salz kann man doch auch mit Rotwein entfernen“. Sicherlich müssen wir ihm beipflichten. Fraglich bleibt aber, ob er die Methode selbst jemals auf die Probe gestellt hat. Natürlich gilt, daß sein Rat nur in umgekehrter Bedeutung richtig ist.

Salz ist das beste Mittel, um Rotweinflecken auf den meisten Stoffarten zu entfernen. Es ist allerdings wichtig, daß man die Behandlung möglichst schnell durchführt – am besten sofort nachdem der Fleck entstanden ist. Man sollte es jedoch nur bei robusten Textilien verwenden.

SØR Pflegetip

Rotwein sofort mit Salz behandeln.

Es gibt jedoch noch eine andere wirkungsvolle Methode. Man kann Weißwein – es muß ja nicht der Beste sein – über die verunreinigte Stelle schütten. Prompt wird der Rotwein neutralisiert. Sherry oder klarer Alkohol helfen auf dieselbe Art und Weise.

Ehe die verschmutzte Kleidung gewaschen werden kann, sollte der Fleck aber noch mit Zitronensaft beträufelt werden. Bei Wolle ist verdünnter Salmiakgeist zu verwenden. Ist der Fleck auch nach dem Waschen nicht verschwunden, empfiehlt sich eine Nachbehandlung mit ungesalzenem Kochwasser von weißen Bohnen oder Kartoffeln.

Wenn man den Rotweinfleck nicht auf Anhieb bemerkt oder nicht sofort etwas dagegen tut, muß man sich später sehr viel Mühe geben.

SØR Pflegetip

Die Entfernung älterer Rotweinflecken kostet viel Mühe.

Zum Beispiel kann der Stoff über Nacht in Buttermilch, heißer Milch oder einer Boraxlösung eingeweicht werden. Dann dürfte der Fleck durch normales Waschen zu tilgen sein. Erweisen sich die Flecken als hartnäckig, ist ebenfalls ungesalzenes Kochwasser von weißen Bohnen oder Kartoffeln hilfreich. Eingetrocknete Verunreinigungen auf farbigen, waschbaren Stoffen können mit Glyzerin aufgeweicht und vor dem Waschen mit einer Boraxlösung behandelt werden.

Empfindliche Stoffe, zum Beispiel Seide und Samt, dürfen nicht mit Salz oder Weißwein behandelt werden. Mais- oder Kartoffelmehl ist vorzuziehen. Es wird behutsam auf die verunreinigte Stelle gestreut, muß dann eine Zeit lang einwirken und wird schließlich ausgebürstet.

Fleckenreste lassen sich mit verdünntem Salmiakgeist, Weingeist oder Seifenspiritus entfernen. Man befeuchtet ein Tuch damit und entfernt dann vorsichtig den Fleck. Rotweinflecken auf weißer Seide sind besonders hartnäckig. Hier wird der Fleck zuerst mit mit einer Seifenlösung eingeschmiert und dann mit Pottasche bestreut. Wenn man diese Mittel zwei Tage einwirken läßt, ist das Kleidungsstück nach dem nächsten Waschen wieder sauber.

Ruß

Verunreinigungen durch Ruß sind eher selten. Reiben erscheint als die naheliegende Abhilfe. Leider wird der Fleck so fast unentfernbar. Der Ruß setzt sich erst recht im Stoffgewebe fest.

SØR Pflegetip

Bei Ruß nicht reiben.

Statt dessen ist das Kleidungsstück zuerst auszuklopfen. Vielfach genügt es, die Rußpartikel einfach wegzublasen.

Weiße, kochfeste Stoffe sind mit Salz und weiße, waschbare sowie farbige, waschbare Stoffe mit heißem Kartoffelmehl zu bestreuen. Nach einigen Stunden kann der Fleck einfach ausgeschüttelt werden. Oft erübrigt sich sogar das abschließende Waschen.

Samt, Seide und Wollstoffe sind zuerst mit weichem Brot zu betupfen und dann mit heißem Kartoffelmehl zu bestreuen. Da Rußflecken auf Samt besonders hartnäckig sind, kann die verunreinigte Stelle noch mit Weingeist eingerieben werden – allerdings nur sehr vorsichtig.

Schokolade

So gerne mancher auch Schokolade essen mag – Schokoladenflecken auf der Kleidung sind sehr ärgerlich und nur mit Mühe zu beheben. Zuerst wird der Fleck, so gut es geht, mit einem Messer beseitigt.

SØR Pflegetip

Schokolade erst mit einem
Messer entfernen.

Weiße Stoffe werden danach mit kaltem Wasser angefeuchtet, mit Borax bestreut und schließlich in handwarmem Wasser ausgespült. Ebenso kann Zitronensaft weiterhelfen.

SØR Pflegetip

Schokolade mit Glyzerin und
Weingeist behandeln.

Eine Methode für weiße und farbige Stoffe besteht darin, den Fleck zunächst mit Wasser einzureiben und den Stoff dann in einer Lösung aus zehn Eßlöffeln Wasser sowie je einem halben Eßlöffel Alaun und Weinstein einzuweichen. Ältere Flecken lassen sich am ehesten mit Glyzerin und Weingeist entfernen.

Bei Wollstoffen empfiehlt sich die Behandlung mit Eigelb und Glyzerin. Man läßt die Mittel einwirken und spült das Kleidungsstück anschließend mit kaltem und dann mit warmem Wasser aus.

Hartnäckige Schokoladenflecken auf Wolle bedürfen einer besonderen Methode. Zunächst ist die verunreinigte Stelle mit einer Lösung aus Glyzerin, Wasser und einigen Tropfen Salmiakgeist zu befeuchten. Dann legt man den Stoff auf eine saugende Unterlage und läßt die Lösung einwirken. Anschließend muß die verbleibende Flüssigkeit mit einem Löschpapier aufgesaugt werden. Zum Schluß ist der Fleck nochmals mit der Lösung zu betupfen und dann zwischen zwei frischen Löschpapierblättern auszubügeln.

Auch Flecken auf Seide oder Samt müssen zunächst behutsam mit einem Messer abgekratzt werden. Anschließend ist die verunreinigte Stelle mit Weingeist einzureiben und schließlich mit klarem, warmem Wasser abzuwischen.

Schuhcreme

Man darf stolz sein, wenn man seine Schuhe blitzblank geputzt hat. Doch muß man dabei auch auf seine übrige Kleidung achten. Denn schnell hat man sich Schuhcremeflecken auf dem Hemd oder an der Hose eingefangen.

Es gibt drei Mittel, mit denen sich diese Flecken sehr einfach beheben lassen. Man kann die verunreinigte Stelle mit Seifenspiritus, Weingeist oder Terpentinöl einreiben. Flecken auf empfindlichen Stoffen dagegen dürfen nur behutsam betupft werden. Beim Waschen kann dem Wasser noch etwas Salmiakgeist zugefügt werden.

SØR Pflegetip

Terpentinöl ist das beste Mittel zur Erstbehandlung von Schuhcremeflecken.

Terpentinöl ist bei der Erstbehandlung besonders wirkungsvoll. Wenn sich der Erfolg trotzdem nicht sofort einstellt, hilft eine Mischung aus Seifenspiritus und Salmiakgeist weiter.

Empfindliche Stoffe, etwa Seide oder Samt, dürfen nicht mit Terpentinöl gereinigt werden. Statt dessen ist der Stoff zunächst mit Spiritus abzureiben und anschließend mit stark verdünntem Salmiakgeist nachzubehandeln.

Ältere Flecken kann man versuchsweise mit Pinselreiniger tilgen. Grundsätzlich aber ist die Fleckenentfernung hier recht schwierig. Es kommt vor, daß es bereits zu spät ist.

SØR Pflegetip

Ältere Schuhcremeflecken mit Pinselreiniger entfernen.

Schuhcremeflecken treten natürlich besonders häufig an Socken auf. In diesem Fall wird der Stoff mit verdünntem Weingeist oder mit erhitztem Alkohol abgerieben und dann mit verdünntem Salmiakgeist ausgewaschen.

Wenn trotzdem noch Reste bleiben, eignet sich Javellewasser am ehesten, um auch die letzten Rückstände der Schuhcreme zu beseitigen. Lediglich bei Wollstoffen darf nicht zu diesem Mittel gegriffen werden.

Schweißflecken

Wer kennt das nicht: Den ganzen Tag ist man voll im Einsatz und je nachdem wie stressig der Tag verläuft, desto mehr schwitzt man. Das Ergebnis sind unangenehme Schweißflecken, denen man mit normalem Waschen oft nicht mehr beikommen kann. Es empfiehlt sich daher die Kleidung vor dem Waschen in verdünnter Essiglösung einzuweichen. Dazu eignet sich am besten farbloser Essig oder verdünnte Essigessenz. Eine Alternative ist, die Kleidung eine Zeit lang in verdünnten Salmiakgeist zu legen. Nach dieser Vorbehandlung sind die Stücke wie gewohnt zu waschen.

Stockflecken

Diese Fleckenart ist sehr hartnäckig, ihr ist mit normalem Waschen oft nicht beizukommen. Man gibt zuerst Zitronensaft auf den Fleck und läßt diesen einwirken. Nun bestreut man ihn mit Salz und trocknet das Ganze in der Sonne. Eine Alternative für verregnete Tage ist, ein Bleichmittel auf Sauerstoffbasis anzuwenden.

Tabak

Glyzerin, Eigelb, Spiritus, Weingeist und klarer Alkohol sind die wichtigsten Mittel bei der Entfernung von Tabakflecken.

Zuerst wird die Stelle entweder mit Glyzerin oder mit Eigelb, das man zuvor mit Spiritus oder Weingeist vermischt hat, eingerieben. Das gewählte Mittel muß dann eine Stunde lang auf den Stoff einwirken. Anschließend wird es mit klarem Alkohol ausgespült, ehe man das Kleidungsstück wäscht und in der Sonne bleichen läßt.

Auch ältere Flecken können mit Glyzerin, Spiritus oder Weingeist behandelt werden. Allerdings werden sie vorher angefeuchtet und mit Zitronensäure bestreut.

SØR Pflegetip

Ältere Tabakflecken zuerst mit Zitronensäure behandeln.

Bei hellen Wollstoffen helfen ebenfalls zunächst Glyzerin, Spiritus oder Weingeist. Eigelb darf nicht verwendet werden. Flanell bildet eine Ausnahme. Es muß zuerst mit Zitronensäure behandelt werden. Bei allen anderen Wollstoffen ist dieses Mittel jedoch zu vermeiden. Hier müssen die anderen genügen.

Bei empfindlichen Stoffen ist auf Eigelb zu verzichten. Zunächst eignet sich hier Glyzerin und anschließend Spiritus oder Weingeist. Von Vorteil wäre es, das Glyzerin vor der Weiterbehandlung mit einem der anderen Mittel eine Stunde lang einwirken zu lassen.

SØR Pflegetip

Tabak auf empfindlichen Stoffen nie mit Eigelb behandeln.

Tee

Teeflecken bereiten in der Regel keine großen Probleme, sofern man sie möglichst sofort behandelt.

Beispielsweise kann man das Kleidungsstück über ein Waschbecken legen und heißes Wasser darüber gießen, bis der Fleck verschwunden ist. Zusätzlich kann Gallseife verwendet werden. Nur selten ist danach eine weitere Behandlung notwendig.

SØR Pflegetip

Schon etwas warmes Wasser kann bei Teeflecken weiterhelfen.

Ebenso sind Teeflecken auf Seide oft ganz einfach zu tilgen, indem man den Stoff zunächst in kaltem Wasser einweicht und dann ganz normal wäscht. Wenn die Flecken trotzdem nicht verschwinden, ist eine Mischung aus Seifenspiritus und Salmiakgeist hilfreich. Mit ihr wird die Stelle eingerieben.

Hartnäckige Flecken, vor allem, wenn sie auf Wollstoffen auftreten, können zusätzlich mit einer Mischung aus Glyzerin und Eigelb behandelt werden. Man läßt sie eine halbe Stunde lang auf die verschmutzte Stelle einwirken und wäscht sie dann aus.

Warmer Weingeist ist bei empfindlichen Stoffen wie Seide und Samt wirkungsvoll. Ebenso können sie mit Glyzerin behandelt werden. Zudem sind Weingeist und Glyzerin zusammen mit Gallseife die besten Mittel bei älteren Flecken.

SØR Pflegetip

Alte Teeflecken mit Weingeist oder Glyzerin entfernen.

Teer

Auch bei Teerflecken kommt es darauf an, sie möglichst rasch zu behandeln. Zunächst wird der Teer, so gut es geht, mit einem Messer abgekratzt.

SØR Pflegetip

Teerflecken erst vorsichtig abkratzen.

Anschließend ist die Stelle mit Butter, Eukalyptusöl oder Eigelb einzuschmieren. Diese Mischung läßt man einige Stunden einwirken, ehe man sie ebenfalls abkratzt. Danach kann der Stoff ebenso weiterbehandelt wie ein Fettfleck (siehe entsprechendes Kapitel).

Falls noch Reste bleiben, wird der Fleck zusätzlich mit Terpentinöl oder Seifenwasser eingerieben und danach mit Weingeist entfernt. Ebenso kann er noch mit Weinsteinsäure bestreut werden.

Nur bei empfindlichen Stoffen empfiehlt es sich nicht wie bei einem Fettfleck fortzufahren. Statt dessen hilft bei Teerflecken auf Seide Glyzerin weiter. Sie können mit einem warmen Bügeleisen zwischen Löschpapier ausgebügelt werden. Bei hellen Seidenstoffen gibt es noch eine weitere Methode. Der Fleck ist erst mit Salz einzureiben und anschließend mit verdünntem Essig zu entfernen.

SØR Pflegetip

Teerflecken auf Seide mit
Glyzerin behandeln.

Für Flecken auf Samt gilt dasselbe. Jedoch gibt es hier für hartnäckige Verunreinigungen eine weitere Möglichkeit. Sie können mit heißem Sand aufgeweicht und dann mit Eukalyptusöl eingerieben werden. Danach wird der Stoff intensiv mit warmem Wasser ausgewaschen. Möglicherweise muß die Behandlung mit Eukalyptusöl wiederholt werden. Anschließend wird das Kleidungsstück stramm auf eine Wäscheleine gespannt, so daß der Fleck mit Hilfe von Löschpapier ausgebügelt werden kann.

Glyzerin darf außerdem bei anderen empfindlichen Stoffen verwendet werden. Besonders helle Stoffe lassen sich jedoch auch mit Eiweiß säubern.

Unbekannte Flecken

Nichts bereitet größeres Kopfzerbrechen als Flekken unbekannter Herkunft. Vorsicht ist bekanntlich die Mutter der Porzellankiste. Zunächst gilt es demnach, Schaden zu vermeiden, sprich, keine falschen Mittel und Methoden anzuwenden.

Handelt es sich um einen weißen, gestärkten Stoff, greift man zuerst zu Kölnisch Wasser, Weingeist oder Spiritus. Es genügt, die verunreinigte Stelle mit einem dieser Mittel behutsam zu betupfen. Dann kann der Fleck mit einer verdünnten Lösung aus Seifenflocken und Salmiakgeist abgerieben und anschließend ausgespült werden. Hartnäckige Verunreinigungen werden über Nacht in dieser Lösung eingeweicht.

SØR Pflegetip

Hartnäckige Flecken über
Nacht einweichen.

Flecken auf farbigen, waschbaren Stoffen, die nicht farbecht sind, können mit Eigelb aufgeweicht und dann mit kaltem Wasser gespült werden. Eine weitere Methode erfordert mehr Zeit. Hierzu benötigt man zwei Hände gehackter Efeublätter, die man in einem Liter kochenden Wasser aufbrüht, zwei Tage ziehen läßt und schließlich abseiht. In dieser Lösung lassen sich dann auch unbekannte Flecken auf farbechten Stoffen leicht auswaschen. Dieses Mittel hilft ebenfalls bei Verunreinigungen auf Wolle weiter.

Wolle läßt sich auch mit einem erwärmten, saugenden Material (zum Beispiel Mais- oder Kartoffelmehl) oder mit Kartoffelstärkewasser, das mit etwas Essig angereichert worden ist, behandeln. Sobald das gewählte Mittel eingetrocknet ist, kann der Fleck ausgebürstet werden.

Flecken auf Samt und anderen empfindlichen Stoffen sind mit einem mit Essig oder Salmiakgeist angefeuchteten Leinentuch abzureiben. Anschließend erfolgt die Nachbehandlung mit klarem Wasser.

SØR Pflegetip

Bei Flecken auf Samt Salmiakgeist oder Essig verwenden.

Für Seide empfiehlt sich diese Methode nicht. Statt dessen hilft bei weißer Seide eine Mischung aus zu Pulver zermahlenen, weißen Bohnen und Weingeist weiter. Diese Paste ist auf die verunreinigte Stelle aufzutragen und muß dann eine Weile eintrocknen. Anschließend kann der Fleck ausgebürstet werden. Andersfarbige Seidenstoffe werden mit einem kleinen Seidensäckchen, gefüllt mit heißer Holzasche, abgerieben.

Vogelschmutz

Ein schöner Waldspaziergang oder ein gemütlicher Stadtbummel kann auch seine Schattenseiten haben. Nicht alles Natürliche ist auch sauber. Mancherorts sind etwa Vögel zur Plage geworden. Pech gehabt, den schönen Anzug hat's erwischt. Und was nun?

Eine einfache – und natürliche – Abhilfe bietet warmes Salzwasser.

SØR Pflegetip

Bei Vogelschmutz empfiehlt sich zuerst warmes Salzwasser.

Meist genügt es bereits, die verunreinigte Stelle einfach damit abzureiben. Nur wenn der Fleck bereits eingetrocknet ist, dauert die Behandlung etwas länger. Der Stoff wird eine Zeit lang in Salzwasser eingeweicht, dann gewaschen und, falls notwendig, in der Sonne gebleicht.

Manchmal schadet sofortiges Handeln. Flecken auf Samt müssen erst einmal eintrocknen, ehe man sie entfernt. Außerdem ist nach der Behandlung mit warmem Salzwasser noch mit einem feuchten Stück Samt nachzureiben. Mit etwas Glück läßt sich der Erfolg auch durch bloßes Bürsten erreichen.

SØR Pflegetip

Vogelschmutz auf Samt erst eintrocknen lassen.

Auf anderen empfindlichen Stoffen wird die Verunreinigung nach der Behandlung mit Salz- oder Seifenwasser ausgewaschen und anschließend mit klarem Wasser abgespült. In diesem Fall sollten die Kleidungsstücke jedoch nicht gebleicht werden.

Wachs

Bei Wachsflecken muß man besonders sorgfältig vorgehen. Vor allem ist jeder Stoff individuell zu behandeln.

Wachs auf weißen, kochfesten Stoffen ist zunächst behutsam abzubröckeln und anschließend abzukratzen. Dann kann der Fleck zwischen Löschpapier ausgebügelt werden. Bleiben trotzdem Reste, können diese mit Spiritus oder Weingeist entfernt werden.

SØR Pflegetip

Reste von Wachsflecken mit Spiritus oder Weingeist entfernen.

Waschbare Stoffe, sowohl farbige als auch weiße, müssen anders gereinigt werden. Zunächst legt man das Kleidungsstück in kaltes Wasser und reibt die Stelle so lange ab, bis das Wachs bricht. Die verbleibenden Reste können dann zwischen Löschpapier ausgebügelt werden. Wenn nach dem Waschen noch immer etwas Wachs zu sehen ist, helfen ebenfalls Spiritus oder Weingeist weiter.

Bestehen die Flecken aus farbigem Wachs, ist die verunreinigte Stelle vor dem Waschen zusätzlich mit Seifenspiritus oder Pinselreiniger einzureiben. Bohnerwachs kann sofort zwischen Löschpapier ausgebügelt werden.

Wachs auf Wollstoffen sollte man zum Schmelzen bringen. Dies kann gelingen, indem man auf die Rückseite der verunreinigten Stelle heißes Wasser träufelt. Wenn das Wachs zu schmelzen beginnt, wird es mit Löschpapier oder Stoff aufgefangen. Eventuell verbleibende farbige Ränder können mit Weingeist oder Spiritus entfernt werden. Außerdem eignet sich diese Methode für Flecken auf Seide und anderen empfindlichen Stoffen.

SØR Pflegetip

Wachsflecken auf Wollstoffen und Seide zunächst zum Schmelzen bringen.

Samt reinigt man anders. Zunächst ist das Wachs abzureiben und die Rückseite des Stoffes auf Löschpapier sorgfältig auszubügeln. Um die Wirkung zu verstärken, kann der Fleck anschließend mit Weingeist oder Spiritus behandelt und dann ausgebürstet werden. Eine andere Methode ist, die Stelle mit feinem, heißem Sand zu bestreuen und den Stoff danach mit einer weichen Bürste auszubürsten.

Beim Ausbügeln ist darauf zu achten, daß unter die zu bügelnde Stelle und auch zwischen Stoff und Bügeleisen ein Löschpapier oder Papiertaschentuch gelegt wird. Unter Umständen müssen die Papiere ausgetauscht werden, wenn der Bügelvorgang länger dauert. Weiterhin darf nur mit mittelwarmer Bügeleisenspitze und immer von außen nach innen gebügelt werden.

SØR Pflegetip

Wachsflecken von außen nach innen ausbügeln.

Wasserflecken

Wasserfleckenn entfernt man am besten, indem man sie mit einer lauwarmen Lösung aus einem Teil Spiritus und zwei Teilen Wasser behandelt. Anschließend sind die Kleidungsstücke heiß zu bügeln.

Zucker

Zuckerflecken auf unempfindlichen Stoffen sind sehr einfach zu beheben. Jedoch nur dann, wenn sie frisch sind.

SØR Pflegetip

Frische Zuckerflecken sind schon mit etwas Wasser zu beheben.

Wenn sie mit lauwarmem, abgekochten Wasser abgerieben werden, verschwinden sie meist sehr schnell. Bei älteren Flecken hilft Wasser allein nicht. Hier wird die verunreinigte Stelle mit einer gleichmäßigen Mischung aus Salmiakgeist und Glyzerin behandelt. Dann kann das Kleidungsstück gewaschen werden.

Stammt der Zucker jedoch von künstlich gefärbten Süßigkeiten, hinterläßt er meist auch Farbstoff auf der Kleidung. Dann muß Zitronenwasser zur Entfernung verwendet werden. Die Stelle wird in der Flüßigkeit eingeweicht und anschließend ausgespült.

SØR Pflegetip

Bei farbigen Zuckerflecken
Zitronenwasser verwenden.

Die Behebung von Flecken auf Seide oder Samt kostet etwas mehr Mühe. Zunächst wird der Stoff mit Wasserdampf befeuchtet. Danach eignet sich ein mit destilliertem Wasser angefeuchtetes Tuch, um den Fleck sorgsam abzureiben. Ältere Verunreinigungen lassen sich auch auf empfindlichen Stoffen mit Glyzerin tilgen.

Eines ist bei Zuckerflecken immer zu vermeiden: Sie dürfen nie ungelöst gekocht oder gebügelt werden, da ansonsten häßliche braune Flecken auf der Kleidung entstehen.

SØR Pflegetip

Zuckerflecken nicht ungelöst
kochen oder bügeln.

Kleines Fleckenmittel-ABC

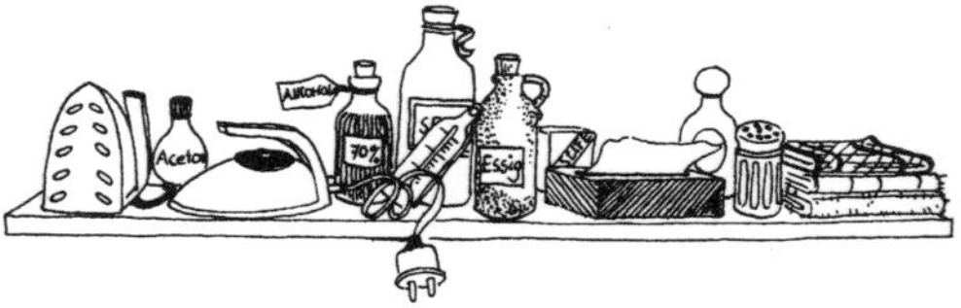

Die genannten Mittel haben alle ihre Vor- und Nachteile, sind für bestimmte Stoffe eher geeignet als für andere und haben bestimmte Eigenschaften, die man kennen muß, ehe man sie verwendet. Das folgende Fleckenmittel-ABC gibt kurz und übersichtlich Auskunft über ihre einzelnen Charakteristika.

SØR Pflegetip

Hausmittel bevorzugen – sie sind preiswert und schonen die Umwelt.

Viele der Mittel sind in jedem Haushalt zu finden. Diese sind immer zu bevorzugen, da sie erstens billig und zweitens sehr umweltfreundlich sind. Außerdem greifen sie den behandelten Stoff weniger an. Andere Fleckenentfernungsmittel wie Borax, Salmiakgeist oder Spiritus sollten jedoch ebenfalls immer bereitgehalten werden. Allerdings ist hier zu beachten, daß sie unter Umständen auch schädlich sein können. Man muß sich daher vor der Verwendung genau informieren.

Alaun ist in jeder Apotheke erhältlich. Es wird bei der Fleckenbehandlung oft zusammen mit Weinsteinsäure verwendet – beispielsweise um hartnäckige Tintenflecken zu entfernen. Es ist immer außerhalb der Reichweite von Kindern aufzubewahren.

Alkohol wird entweder in Form von Spiritus oder Weingeist verwendet. Klarer Schnaps kann in Ausnahmefällen als Ersatzmittel eingesetzt werden.

Benzin – meist wird Haus- oder Feuerzeugbenzin benutzt – sollte nur in Ausnahmefällen eingesetzt werden, da es aufgrund seiner hohen Feuergefährlichkeit und der entstehenden Dämpfe einige Gefahren birgt.

SØR Pflegetip

Benzin nur in Ausnahmefällen!

Borax ist ein Bleich- und Reinigungsmittel, das sehr mild ist. Es kann ohne Bedenken eingesetzt werden, um hellere Stoffe einzuweichen. Es ist in Drogerien, Apotheken und auch einigen Lebensmittelläden erhältlich.

Weiches *Brot* ist nützlich, um Ruß und Staub zu entfernen, ohne den Fleck zu verwischen. Es ist besonders auf Seide und Samt wirkungsvoll.

Wenn *Butter* auf ein Kleidungsstück gelangt, ist sie sehr einfach wieder zu entfernen. Deshalb eignet sie sich besonders gut, um hartnäckige Fett- und Teerflecken aufzuweichen. Man muß diese nur leicht damit bestreichen. Falls keine Butter zur Hand ist, kann Sesamöl als Ersatzmittel eingesetzt werden.

SØR Pflegetip

Efeublätter reinigen gründlich
und dennoch mild.

Früher wurden *Efeublätter* gesammelt, da sie als günstiges Woll- und Feinwaschmittel sehr nützlich sind. Sie reinigen gründlich und dennoch mild.

Eigelb kann verwendet werden, um alte Flecken auf empfindlichen Stoffen aufzuweichen. Besonders wirkungsvoll ist es in Verbindung mit Glyzerin. Es muß eine halbe Stunde lang auf die verunreinigte Stelle einwirken. Anschließend kann es mit Wasser ausgespült werden.

Erdbeeren können bei Tintenflecken eingesetzt werden. Allerdings ist die Wirkung recht schwach, so daß man oft noch zu einem anderen Mittel greifen muß.

Essig neutralisiert basische Fleckenmittel wie Seife oder Salmiakgeist. Ebenso ist er hilfreich, bunte Farben wieder aufzufrischen und das „Auslaufen" der Farben zu verhindern. Klarer Essig oder Essigessenz können dem Spülwasser beigegeben werden.

Eukalyptusöl ist in Drogerien und Apotheken erhältlich. Es kann eingesetzt werden, um alte oder feste Flecken – beispielsweise Teer – aufzuweichen. Die dabei eventuell zurückbleibenden Ölränder lassen sich dann mit Alkohol entfernen.

Frost kann ein wirksames und preiswertes Bleichmittel sein. Robuste Leinen- oder Baumwollbekleidung kann an kalten Wintertagen so lange im Freien aufgehängt werden, bis sie steif geworden ist. Anschließend kann sie im Haus aufgetaut und getrocknet werden.

Anstelle von Eukalyptusöl kann *Glyzerin* verwendet werden, um alte Flecken einzuweichen. Zusammen mit Eigelb erhöht sich seine Wirksamkeit. Es ist in jeder Drogerie erhältlich.

SØR Pflegetip

Die Wirksamkeit von Glyzerin durch Hinzufügen von Eigelb erhöhen.

Hirschhornsalz kann nicht nur zu Weihnachten beim Plätzchenbacken verwendet werden, sondern dient auch als Putzmittel für Leder und zur Behebung von Fettflecken.

Holzasche ist heutzutage zwar nicht mehr in jedem Haushalt zu finden, doch wer sie zur Hand hat, kann sie sehr gut bei Fettflecken einsetzen. Die Asche kann in ein kleines Säckchen gefüllt werden. Damit lassen sich die Flecken dann sehr wirksam ausreiben.

Rohe *Kartoffeln* können bei Jodflecken sehr hilfreich sein. Das Kochwasser ungesalzener Kartoffeln tilgt Verunreinigungen auf Wolle und Seide. Kartoffelmehl eignet sich zur Erstbehandlung von frischen Flecken.

Weißer *Kirsch*saft empfiehlt sich bei Kirschflekken, die man einfach damit einreibt.

In vielen Badezimmern findet sich *Kölnisch Wasser*. Doch nur wenige wissen, daß man damit besonders bei Fettflecken erstaunliche Erfolge erzielen kann.

Wenn man *Kristallsoda* in Wasser löst, erhält man ein wirkungsvolles Einweichmittel für stark verschmutzte, strapazierfähige Wäsche. Doch hier ist Vorsicht geboten. Die Lauge ist bei zu starker Konzentration sehr scharf und greift sowohl das Gewebe als auch die Hände an. Daher ist Kristallsoda – auch Wäschesoda genannt – immer gut verschlossen aufzubewahren und nur dann zu verwenden, wenn es unumgänglich ist. Es ist in Drogerien und einigen Lebensmittelgeschäften erhältlich.

SØR Pflegetip

Kristallsoda kann bei hoher Konzentration das Gewebe angreifen.

Maisstärke kann anstelle von Kartoffelmehl auf frische Flecken gestreut werden.

Milch wird oft verwendet, um verunreinigte Kleidung einzuweichen. Saure Milch eignet sich besonders bei Obstflecken. Buttermilch ist bei Farbflecken sehr wirksam. Nach der Behandlung sollte die Milch zuerst mit kaltem oder lauwarmem und anschließend mit heißem Wasser ausgespült werden.

Mit *Molke* lassen sich vor allem Eiweißflecken wirkungsvoll entfernen. Allerdings ist sie nicht in jedem Haushalt vorhanden.

Natron wirkt besonders geruchsbindend. Es kann anstelle von Kartoffelmehl als saugendes Mittel auf ölige Flecken gestreut werden.

Oxalsäure ist sehr scharf und darf nur in Ausnahmefällen verwendet werden. Rhabarbersaft und auch frische Erdbeeren sind natürliche Mittel, die Oxalsäure enthalten, und daher der reinen Säure immer zu bevorzugen. Oxalsäure ist stets unter Verschluß aufzubewahren. Sie ist nur in Apotheken erhältlich.

SØR Pflegetip

Rhabarbersaft und frische Erdbeeren sind reiner Oxalsäure vorzuziehen.

Pottasche ist nicht zur regelmäßigen Fleckenentfernung geeignet. Bei einer übermäßigen Behandlung besteht nämlich die Gefahr, daß sie den Stoff brüchig werden läßt.

Roggenmehl hilft – ebenso wie Hafer- und Maismehl – vor allem bei Fettflecken. Es wird auf den Stoff gestreut, damit sich die Verunreinigung nicht festsetzt.

Vorsicht ist beim Umgang mit *Salmiakgeist* geboten. Dieses scharfe, sogar ätzende Lösungsmittel darf in jedem Fall nur verdünnt angewendet und stets außerhalb der Reichweite von Kindern aufbewahrt werden. Als hochwirksames Fleckenlösungsmittel ist es nur ganz gezielt einzusetzen.

SØR Pflegetip

Salmiakgeist verdünnen.

Salz in trockenem Zustand ist bei Rotwein-, Ruß- und Fettflecken wirkungsvoll. Es saugt sie ganz einfach auf. Wird es in Weingeist aufgelöst, ist das

Ergebnis ein günstiges und vielseitig anwendbares Fleckenwasser.

Wenn *Sand* in ein Leinensäckchen gefüllt wird, lassen sich damit Fettflecken auf empfindlichen Stoffen aufsaugen.

Schlämmkreide – auch Wiener Kalk genannt – kann wie Kartoffelmehl oder Ton verwendet werden, um Flecken aufzusaugen.

Schmalz hat dieselbe Wirkung wie Butter. Besonders gut lassen sich damit hartnäckige Fettflecken entfernen.

Alle Arten von *Seifen* werden aus natürlichen Substanzen gewonnen – zum Beispiel aus verschiedenen tierischen und pflanzlichen Fetten und Ölen. Daher ist Seife hundertprozentig biologisch abbaubar und nicht nur das wichtigste, sondern auch eines der umweltschonendsten Mittel im Kampf gegen Flecken. Gallseife, Kernseife und Terpentinseife sind besonders wirkungsvoll.

Auch *Seifenschaum* kann sehr hilfreich sein. Er kann mit Seifenflocken, Wasser und einem Schneebesen erzeugt werden, aber auch mit einem Teppich-Shampooniergerät. Wenn man dem Schaum etwas Salmiakgeist beifügt, wird seine Wirksamkeit noch erhöht.

Speichel wird oft als Fleckenmittel übersehen. Dabei enthält er – ebenso wie viele Wasch- und Einweichpulver – wirksame Enzyme.

SØR Pflegetip

Weingeist statt Spiritus!

Spiritus ist ebenfalls ein vielseitig einsetzbares Mittel. Es dient vor allem zur Behandlung von Fett- und Harzflecken sowie Seifenrückständen – besonders auf empfindlichen Stoffen. Auch Gummistoffe vertragen Spiritus. Allerdings darf nie Brennspiritus verwendet werden. Statt dessen empfiehlt sich Seifenspiritus für die Erstbehandlung, wenn das verschmutzte Kleidungsstück anschließend gewaschen oder die verunreinigte Stelle noch abgewischt wird. Zum letzten Nachspülen eignet sich reiner Spiritus am ehesten. Wenn man ihn in der Apotheke kaufen will, sollte man anmerken, daß er zur Fleckenentfernung gebraucht wird. Ersatzweise können jedoch auch Weingeist oder klarer Schnaps verwendet werden.

Trägt man *Talkpuder* auf frische Fettflecken auf, kann man sich viel Mühe und Ärger beim Waschen ersparen.

Terpentin wird durch Destillation aus flüssigem Harz von Kiefern und Lärchen gewonnen. Es hat einen charakteristischen Geruch und ist relativ teuer. Heutzutage wird es vor allem als Lösemittel – beispielsweise in Lacken aus Naturfarben – oder zur Pflege edler Hölzer eingesetzt. Es ist sehr umweltverträglich. Allerdings sollte nie Terpentinersatz, sondern stets Terpentinöl oder Terpentingeist benutzt werden. Denn nur diese sind biologisch hundertprozentig abbaubar. Beide Mittel sind in jeder Drogerie erhältlich. Vorsicht ist aber dennoch geboten, da es bei der Anwendung zu gesundheitlichen Schäden kommen kann. Haut, Augen und Schleimhäute – besonders Atmungsorgane – können gereizt werden. Terpentin kann Kopfschmerzen und Schwindelgefühle verursachen. Die Gefahr wird jedoch reduziert, indem man immer im Freien oder bei weit geöffnetem Fenster mit Terpentin arbeitet. So können sich die entstehenden Dämpfe schnell verflüchtigen.

SØR Pflegetip

Mit Terpentin nur im Freien oder bei geöffnetem Fenster arbeiten.

Terpentingeist ist vor allem einzusetzen, um hartnäckige Flecken wie Ölfarben, Harz oder Pech zu behandeln. Terpentinöl eignet sich für alte Verunreinigungen auf strapazierfähigen Stoffen. Eventuell entstehende Ölreste können mit Spiritus entfernt werden. Es kommt vor, daß Terpentingeist oder -öl die Farben des Kleidungsstücks in Mitleidenschaft ziehen. Daher behandelt man zuerst nur eine kleine, verdeckte Stelle.

Tomatensaft ist ein sehr sanftes und dennoch wirkungsvolles Entfernungsmittel für Tintenflecken.

Weingeist hilft – ebenso wie Spiritus – bei Fett-, Jod- und Harzflecken weiter. Er ist biologisch abbaubar und weniger explosionsgefährlich als anderer Alkohol. Daher ist es ökologisch durchaus vertretbar, ihn zu verwenden.

Mit *Weinsteinsäure* lassen sich mühelos Flecken von Obst, Tinte und Pflanzenfarben entfernen. Obwohl sie sehr mild ist, ist beim Gebrauch – wie bei allen Säuren – Vorsicht geboten. Das Gewebe und die Hände müssen nachher sorgfältig gespült bzw. gewaschen werden.

Schon seit Jahrhunderten wird ungesalzenes Kochwasser von *weißen Bohnen* als Fleckenmittel verwendet. Es ist besonders bei hartnäckigen Rotwein- und Obstflecken auf empfindlichen Stoffen wirkungsvoll. Das Wasser von farbigen Bohnen ist dagegen völlig ungeeignet.

Sicherlich muß zur Fleckenbehandlung nicht der beste *Weißwein* verwendet werden. Jedoch ist er als wirkungsvolles Mittel, um Rotweinflecken zu neutralisieren, nicht zu übersehen.

SØR Pflegetip

Zitronensaft statt Zitronensäure!

Zitronensaft ist *Zitronensäure* vorzuziehen. Tintenflecken verschwinden sofort, wenn sie mit Zitronensaft behandelt werden und das Kleidungsstück danach in der Sonne gebleicht wird. Zitronensäure eignet sich als Ersatz vor allem bei frischen Flecken.

Zwiebelsaft eignet sich vor allem zur Entfernung von Brandflecken.

Flecken	weiße, kochfeste Stoffe	weiße, waschbare Stoffe	farbige waschbare Stoffe	empfind-liche Stoffe
Benzin	S.57, 58	S. 57, 58	S. 57, 58	S. 57, 58
Bier	S.58, 59	S. 58, 59	S. 58, 59	S. 58, 59
Blut	S. 59–61	S. 59–61	S. 59–61	S. 59–61
Brand- und Seng-flecken	S. 61–63	S. 61–63	S. 61–63	S. 61–63
Ei	S. 64–66	S. 64–66	S. 64–66	S. 64–66
Farbe	S. 66–68	S. 66–68	S. 66–68	S. 66–68
Fett	S. 78–70	S. 78–70	S. 78–70	S. 78–70

Flecken	weiße, kochfeste Stoffe	weiße, waschbare Stoffe	farbige, waschbare Stoffe	empfind-liche Stoffe
Gemüse	S. 70–72	S. 70–72	S. 70–72	S. 70–72
Gras	S. 72, 73	S. 72, 73	S. 72, 73	S. 72, 73
Harz	S. 75, 76	S. 75, 76	S. 75, 76	S. 75, 76
Jod	S. 77, 78	S. 77, 78	S. 77, 78	S. 77, 78
Kaffee	S. 79–81	S. 79–81	S. 79–81	S. 79–81
Kakao	S. 81–83	S. 81–83	S. 81–83	S. 81–83
Kau-gummi	S. 83	S. 83	S. 83	S. 83
Kleb-stoff	S. 84, 85	S. 84, 85	S. 84, 85	S. 84, 85

Flecken	weiße, kochfeste Stoffe	weiße, waschbare Stoffe	farbige, waschbare Stoffe	empfind-liche Stoffe
Kugel-schreiber	S. 84, 86	S. 84, 86	S. 84, 86	S. 84, 86
Lippen-stift	S. 87	S. 87	S. 87	S. 87
Mayon-naise	S. 88	S. 88	S. 88	S. 88
Obst	S. 89–91	S. 89–91	S. 89–91	S. 89–91
Rost	S. 91–93	S. 91–93	S. 91–93	S. 91–93
Rotwein	S. 93–95	S. 93–95	S. 93–95	S. 93–95
Ruß	S. 95, 96	S. 95, 96	S. 95, 96	S. 95, 96
Schok-lade	S. 96–98	S. 96–98	S. 96–98	S. 96–98

Flecken	weiße, kochfeste Stoffe	weiße, waschbare Stoffe	farbige, waschbare Stoffe	empfindliche Stoffe
Schuhcreme	S. 98–100	S. 98–100	S. 98–100	S. 98–100
Tabak	S. 101, 102	S. 101, 102	S. 101, 102	S. 101, 102
Tee	S. 102, 103	S. 102, 103	S. 102, 103	S. 102, 103
Teer	S. 103, 105	S. 103, 105	S. 103, 105	S. 103, 105
unbekannte Flecken	S. 105–107	S. 105–107	S. 105–107	S. 105–107
Vogelschmutz	S. 107, 108	S. 107, 108	S. 107, 108	S. 107, 108
Wachs	S. 109–111	S. 109–111	S. 109–111	S. 109–111
Zucker	S. 111–113	S. 111–113	S. 111–113	S. 111–113

Reinigung

Tipps zur chemischen Reinigung

Bei der chemischen Reinigung ist es zunächst wichtig, die Risiken, die diese birgt, zu kennen. Denn nur bei der rechten Anwendung kann man sicher sein, Freude an professionell gereinigter Kleidung zu haben.

Besonders bei Leder sollte man sich der Probleme der Reinigung bewusst sein. So stellt es stets ein Risiko dar, schwarzes Leder in Kombination mit weißem Futter reinigen zu lassen. Lichtschäden, die bei Veloursleder autreten, können nicht mehr ganz ausgeglichen werden. Bei Lederkleidungsstücken, die mehrfarbig sind, besteht außerdem die Gefahr, dass die Farben verlaufen. Außerdem ist es stets mit einem gewissen Risiko verbunden, Lederbekleidung, die mit anderem Materialien, wie Stoffeinsätzen oder hellem Futter verarbeitet ist, chemisch zu reinigen, da die anderen Textilien die Farbe des Leders annehmen können.

Bei Beachtung dieser Dinge bietet die chemische Reinigung jedoch allerhand Vorteile. Da ist zum einen zu erwähnen, dass der doch zeitaufwendige Teil der Kleiderpflege für den vielbeschäftigten Mann oftmals nicht einfach einzuplanen ist. Bei der chemischen Reinigung spart er sowohl Zeit als auch Mühen und kann sich sicher sein, dass die Wäsche vom Profi gereinigt wurde. Bei welchen Textilien ist die Naßreinigung nun besonders empfehlenswert?

Grundsätzlich lassen sich mit der Naßreinigungstechnik alle Textilien, die als waschbar gekennzeichnet sind, waschen. Vor allem eignet sie sich aber für die Stücke, die nicht in die heimische Maschine passen, wie z.B. Mäntel, Daunenjacken, Regenkleidung und sogar Möbel- und Gartenmöbelbezüge. Besonders positiv ist hierbei, dass Kleidung, die Wasser abweisen soll, bei der Reinigung neu imprägniert wird. Und die Nassreinigung bietet noch einen Vorteil: Mit ihr ist es möglich Kissen und Bettdecken preisgünstiger zu waschen als dies bisher mit der Bettenreinigung möglich war. Mit dieser Art der Reinigung ist es außerdem möglich Textilien zu waschen, die nicht in der heimischen Waschmaschine gewaschen werden dürfen, da die Reinigung besonders schonend erfolgt. Die Fasern nehmen somit keinen Schaden.

Pflege besonderer Stoffe

Besondere Stoffe bedürfen einer besonderen Pflege. So heißt eine Grundregel: Die Waschmaschine ist der natürliche Feind feiner Stoffe. Wer seine besten Stücke also nicht ruinieren will, sollte sie entweder per Hand waschen oder in eine sehr gute Reinigung geben. In Deutschland hilft hier ein rascher Blick in die gelben Seiten. Im Ausland gilt: das beste Hotel am Platz hat oft auch die beste Reinigung.

Angora

Bekleidung aus Angora gilt als besonders warm und wird vor allem bei schmerzhaften Beschwerden und Erkrankungen des Unterleibs empfohlen. Strickwaren aus Angora sind für Rheumakranke ideal. Die leichte und besonders flauschige Wolle wird durch das Auskämmen oder Scheren von Angorakaninchen gewonnen. Sie ist oft glatter als Seide. Da ein Tier jährlich nur etwa 250 bis 500 Gramm Wolle abgibt, ist sie entsprechend teuer.

Angorawolle läßt sich nur schwer verarbeiten. Daher werden Kleidungsstücken aus Angora oft feine Schafwolle oder auch synthetische Fasern, wie Polyamid, beigemischt.

Da Angorawolle besonders empfindlich ist – sie filzt zum Beispiel leicht, wenn sie mit Schweiß in Berührung kommt –, bedarf sie auch einer speziellen Pflege. Mit jedem Waschen verliert sie etwas von ihrer ursprünglichen Schönheit.

Kleidungsstücke aus Angora, besonders Pullover, neigen zur Flusenbildung. Um dies zu vermeiden, können sie vor dem Waschen für einige Stunden in den Kühlschrank oder für kürzere Zeit ins Tiefkühlfach gelegt werden.

Anschließend dürfen sie nur mit der Hand gewaschen werden. Dabei sollte man den Stoff jedoch nicht wringen oder reiben.

SØR Pflegetip

Angora von Hand waschen.

Es darf nur lauwarmes Wasser – möglichst unter 30° C – verwendet werden. Ein mildes Feinwaschmittel – etwa „Wollite“ oder „tene star“ – kann beigefügt werden. Auch ein eiweißhaltiges Haarwaschmittel ist wirkungsvoll.

Kleidungsstücke aus Angora dürfen nicht in den Wäschetrockner gegeben werden. Statt dessen ist empfehlenswert, sie auf einem Handtuch ausgebreitet trocknen zu lassen – allerdings nicht in der prallen Sonne.

Angorapullover werden nach dem Trocknen wieder für einige Stunden in den Kühlschrank gelegt. Dann richten sich die feinen Haare wieder auf.

Probleme können auftreten, wenn man seine Kleidung aus Angora in die Reinigung gibt. Oft erhält man sie verfilzt zurück. Daher ist es sinnvoll, sich vorher zu informieren, ob die Pflegebestimmungen in der Reinigung auch eingehalten werden.

Baumwolle

Die Baumwollfaser wird aus dem Baumwollstrauch gewonnen und besteht aus Zellulose. Sie ist besonders hautfreundlich und kann leicht eingefärbt werden. Gefärbte Kleidungsstücke aus

Baumwolle haben jedoch die Angewohnheit bei den ersten Wäschen noch auszubluten, weshalb sie separat gewaschen werden sollten. Um einen Verlust der Farben zu vermeiden, sollte man eingefärbte Baumwollstücke stets mit einem Feinwaschmittel waschen.

Weiße Kleidungsstücke aus Baumwolle, sowie solche, die mit hochechten Farben eingefärbt wurden, sind oftmals kochfest, was besonders bei Unter- und Bettwäsche von Vorteil ist.

Das Bügeln von Baumwolle ist unproblematisch, da dies bei Temperaturen von bis zu 200 ° C möglich ist.

Belseta

Belseta-Stoffe sind etwas ganz Besonderes. Diese Microfasern sind so dicht gewebt, daß sie völlig wasserabweisend und winddicht sind. Sie übertreffen viele natürliche Stoffe. Belseta widersteht einer Wassersäule von 400 bis 1000 Millimetern – ohne Membrane, Beschichtung oder Laminierung.

Trotz der hohen Feuchtigkeitsundurchlässigkeit ist Belseta sehr atmungsaktiv, da die Gewebeporen zwar kleiner als Regentropfen, aber gleichzeitig größer als Schweiß sind. So wird ein angenehmer Feuchtigkeitsaustausch von innen nach außen sichergestellt, der für ein optimales Körperklima sorgt. Wer Kleidung aus Belseta trägt, fühlt sich bei jeder Witterung wohl.

Ein weiterer Vorteil liegt in der enormen Pflegeleichtigkeit von Belseta. Durch Falten oder Knautschen verliert der Stoff seine wasserabstoßende Eigenschaft nicht. Wenn Knitterfalten entstehen, können sie mühelos mit einem Dampfbügeleisen (Temperatur etwa 110 ° C) beseitigt werden.

SØR Pflegetip

Knitterfalten in Belseta mit einem Dampfbügeleisen glätten.

Je nach Verarbeitung kann Belseta sowohl von Hand, als auch in der Waschmaschine – jeweils bei 30° C – gewaschen werden. Besonders hochwertige Bekleidung sollte jedoch in eine chemische Reinigung gegeben werden. Flecken lassen sich in der Regel sehr einfach mit einem Feinwaschmittel und lauwarmem Wasser entfernen. "Perwoll", "Woolite", "Sanso" und "tene moll" sind hier zu empfehlen.

Chemiefasern

Man unterscheidet bei diesen auf chemischem Wege hergestellten Fasern zwischen synthetischen und zellulosischen Fasern. Zu ersteren zählen unter anderen Polyester, Polyamid, Polyacryl und Elasthan. Zellulosische Fasern sind z.B. Modal, Acetat und die bekannte Viscose. Allen synthetischen Fasern gemein ist, dass sie nur schwer

Feuchtigkeit aufnehmen können. Dies hat den Nachteil, dass man sich in diesen sehr leicht verschwitzt fühlt.

Der Vorteil der Chemiefasern ist, dass sie sehr pflegeleicht und unempfindlich sind. Man wäscht sie bei 40 °C bis 60 °C. Bis auf die Viscose besteht bei keiner Faser die Gefahr, dass sie einläuft. Jedoch ist es allgemein ratsam, nur bei niedrigen Temperaturen mit einer Einstellung von einem Punkt zu bügeln.

Kaschmir

Kaschmir ist das feinste und edelste Tierhaar, das zu Kleidung verarbeitet wird. Es wird aus dem Unterhaar der Kaschmirziege gewonnen, die auf einer Höhe von bis zu 5000 Metern im Himalaya-Gebiet (Tibet, Mongolei, China) lebt. Die extremen Temperaturunterschiede in diesem Gebiet werden durch das Unterhaar ausgeglichen – es ist der ideale Kälteschutz für die Tiere.

Kleidungsstücke aus Kaschmir sind allerdings sehr teuer, da jährlich pro Tier nur etwa 100 bis 300 Gramm Wolle ausgekämmt werden können.

Kaschmir ist weich und anschmiegsam und hält gut warm. Da es Feuchtigkeit schnell aufnimmt und transportiert, ist es für Steppbetten gut geeignet. Außerdem wird es zu Strick- und Webwaren (Plaids, Schals und Krawatten) weiterverarbeitet. Zudem wird Kaschmir als Beimischung für Tages- bzw. Businessanzüge verwendet. Es gibt jedoch auch Sakkos, die zu 100 % aus Kaschmir bestehen.

Pullover und Schals aus Kaschmir können selbst gewaschen werden. Dabei sind dieselben Regeln zu beachten, die auch für Kleidungsstücke aus Angora gelten.

SØR Pflegetip

Kaschmir nie wringen oder reiben.

Auch Kaschmir sollte man immer nur per Hand waschen und ihn nie wringen oder stark reiben. Die Waschlauge darf nicht zu heiß sein – möglichst unter 30° C. Ihr kann ein Feinwaschmittel wie "Wollite", "tene star" oder "tene moll" beigefügt werden. Die Dosierung muß in jedem Fall sehr sparsam sein.

Leder

Wolle, Baumwolle, Seide, Leinen und Leder haben eins gemeinsam - sie sind wertvolle Geschenke der Natur. Leder nimmt insofern eine besondere Stellung ein, als daß es ebenso natürlich ist wie unsere eigene Haut.

Die Kostbarkeit von Leder wird vor allem in den gewachsenen Unregelmäßigkeiten der Oberfläche sichtbar. Sie sind das Merkmal für die Echtheit des

Leders, die der Kenner schätzt. Deshalb ist es ein Markenartikel der Natur.

Seit Jahrtausenden lebt der Mensch mit Fellen, Häuten und Leder. Es hat nichts von seiner Faszination eingebüßt, denn es gibt kein zweites Material, das so viele nützliche Eigenschaften in sich vereint: es ist atmungsfähig, anschmiegsam, elastisch und formtreu, aber auch zäh, strapazierfähig und reißfest.

Leder nimmt Körperfeuchtigkeit auf und weist gleichzeitig Nässe von außen ab. Es ist warm und griffig, hat einen charakteristischen Geruch und ist hygienisch.

Aus der Rohhaut wird erst durch die Gerbung haltbares, zähes und geschmeidiges Leder. Schon im Mittelalter gehörten die Gerber zum Stand der angesehenen Bürger. Ihre Arbeit war schwer und nicht immer angenehm. Noch bis zum Ende des 19. Jahrhunderts wurde nur handwerklich gearbeitet.

Auch in der Lederindustrie unseres Jahrhunderts blieb die Aufgabe dieselbe. Es gilt, verderbliche Rohware mit Gerbstoffen in beständiges Leder umzuwandeln. Die ursprüngliche Faserstruktur bleibt dabei erhalten. Jedoch wird die Haut in ihrem Aufbau gefestigt und haltbar gemacht.

Zunächst werden die Häute in großen, rotierenden Walkfässern gegerbt. Das bedeutet: Sie werden mit pflanzlichen, synthetischen oder mineralischen Stoffen oder mit Fetten durchdrungen. Anschließend wird das Leder noch entwässert, gefalzt, gefärbt, gefettet und zum Schluß getrocknet.

Da jede Haut von einem anderen Tier kommt, hat sie auch ihre individuellen Merkmale. Folglich ist die Pflege und Reinigung nicht immer einfach.

SØR Pflegetip

Lederbekleidung vor
großer Hitze schützen.

Der wichtigste Grundsatz bei der Pflege von Lederbekleidung ist, daß man sie von großer Hitze fernhalten sollte. Insbesondere ist intensive Sonnenbestrahlung zu vermeiden, da Leder durch zuviel Wärme hart und brüchig wird. So darf man Lederbekleidung im Sommer nicht auf der Ablage im Auto liegenlassen. Gerade Veloursleder ist hier sehr empfindlich. Intensive Sonnenbestrahlung kann schnell zu einem Verbleichen führen.

Lederjacken dürfen nicht in der Nähe einer Heizung zum Trocknen aufgehängt werden. Statt dessen empfiehlt es sich, sie – aufgehängt auf einem Bügel – an der frischen Luft zu trocknen.

SØR Pflegetip

Verschmutzte Lederbekleidung in eine Spezialreinigung geben.

Wenn Leder immer sorgfältig gepflegt wird, bleiben grobe Verunreinigungen die Ausnahme. Etwas Patina gehört ebenso zum Leder wie kleine Fältchen zur Haut. Stellt sich eine Verschmutzung ein oder treten intensive Flecken auf, muß die Reinigung immer einem Spezialbetrieb überlassen werden. Oft sitzen die Flecken nämlich sehr tief. Daher besteht die Gefahr, daß Leder und Farbe in Mitleidenschaft gezogen werden, wenn man selbst den Schaden beheben will. Leder darf außerdem nie mit Fleckenentferner, Lösungsmittel, Terpentin, Schuhcreme oder Poliermittel behandelt werden.

Wenn man seine Kleidung in eine Spezialreinigung gibt, sind zweiteilige Kleidungsstücke stets gleichzeitig zu reinigen. Ansonsten sind Farbabweichungen kaum zu vermeiden. Auch ist bei der Wahl der Reinigung Vorsicht geboten. Es ist besser, sich vorher zu vergewissern, ob der Betrieb über die notwendige lederfachliche Kenntnis und die zweckmäßige Maschinenausstattung verfügt.

Reinigungsbetriebe, die das RAL-Gütezeichen tragen, sind immer vorzuziehen. Es wird vom Verband der Deutschen Lederbekleidungsindustrie den Betrieben verliehen, deren Reinigungsqualität den strengen Prüfungsvorschriften entspricht. Da dieses Gütezeichen nur für zwölf Monate gilt, ist die Jahreszahl des Zeichens im Schaufenster sehr wichtig.

Vom Verband der
Deutschen Lederbekleidungs-Industrie

ECHTES LEDER

Empfohlene
Leder
Reinigung

Reinigungsanstalten mit diesem Zeichen
garantieren eine fachmännische Lederreinigung

SØR Pflegetip

Bei zweiteiliger Lederbekleidung stets beide Teile reinigen lassen.

Vor dem ersten Tragen ist wertvolle Lederbekleidung mit einem farblosen Pflegespray – beispielsweise JEPS I – zu behandeln. Das neue Kleidungsstück wird aus etwa dreißig Zentimetern Entfernung sorgsam eingesprüht. Durch diese Imprägnierung wird das Leder schmutz- und wasserabweisend. Zudem bleibt es atmungsaktiv und geschmeidig. Später kann der Vorgang in regelmäßigen Abständen wiederholt werden.

Leichte Regenflecken können nach dem Trocknen mit einem Gummischwamm oder einer Gummibürste behoben werden. Man streicht leicht in Faserrichtung. Straßenschmutz und andere harmlose Flecken sind mit einem weichen Tuch und handwarmem Wasser mit etwas Neutralwaschmittel oder Leder-Schaumspray abzureiben. Danach ist die befeuchtete Stelle mit einem Baumwolltuch großflächig abzutrocknen. Anschließend kann auch noch ein Spezialpflegemittel aufgetragen werden – aber nur ganz dünn. Bei leichten Flecken hilft manchmal auch ein Leder-Spezialradiergummi weiter.

SØR Pflegetip

Regenflecken mit Gummischwamm oder Gummibürste entfernen.

Besonders Veloursleder muß von Zeit zu Zeit mit einer Kleiderbürste behandelt werden. So kann man es immer wieder auffrischen. Besonders die kritischen Stellen an Lederjacken und -mänteln wie Kragen, Ärmel und Taschen sind regelmäßig zu bürsten. Hierfür gibt es wirksame Reinigungssprays – zum Beispiel JEPS II.

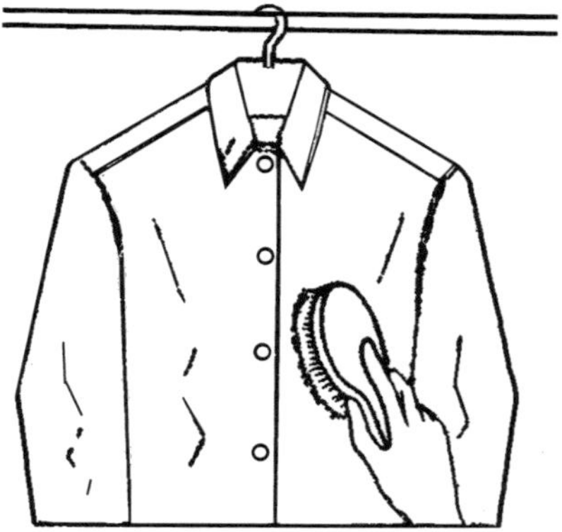

Leder kann auch gebügelt werden – jedoch nur sehr vorsichtig, mit einem trockenen Tuch und bei mittlerer Temperatur. Zunächst versucht man es an einem Innenbesatz. Veloursleder kann anschließend noch aufgebürstet werden. So behält es seinen unnachahmlichen Flor.

Bevor man Winterkleidung den Sommer über in den Schrank hängt, lohnt es sich, Velours- und Pelzveloursleder mit einer etwas härteren Bürste zu behandeln. Die Kleidung darf jedoch nicht in Plastikbeutel eingehüllt werden. Statt dessen sind Baumwollsäcke zu verwenden.

SØR Pflegetip

Lederbekleidung nie in
Plastikbeutel einhüllen.

Helle und dunkle Kleidungsstücke aus Veloursleder dürfen nicht ungeschützt nebeneinander aufgehängt werden. Nappaleder ist mit einem weichen Tuch abzureiben, ehe man es in den Schrank hängt.

Leinen

Bereits im Jahre 4000 v. Chr. wurde in Ägypten Flachsanbau betrieben und – wie Funde beweisen – auch zu Leinen verarbeitet. Es ist damit die älteste pflanzliche Faser, aus der Kleidung gefertigt wird.

Aus dem Flachs oder Leinen (lat: linum usitatissimum) der zarten, aber unverwüstlichen Stengelbastpflanze, die bis zu einem Meter hoch wird, stammen die Teilbündel, aus denen die Leinenfasern gewonnen werden.

Zunächst werden die geernteten Pflanzenstengel beim sogenannten „Riffeln" von Samenkapseln und Blättern befreit. Dann werden sie geröstet und gebrochen, um die Faserbündel unbeschädigt freizulegen. In der Hechelmaschine kämmt man diese durch dünne Nadeln in feine Fasern. Je öfter dies geschieht, desto feiner werden die Fasern.

Leinen hat durch seinen natürlichen Glanz ein besonders edles Aussehen. Gleichzeitig verfügt es über Trageeigenschaften, die Leinenkleidung vor allem im Sommer sehr angenehm machen. Es fühlt sich stets sehr kühl auf der Haut an. Außerdem besitzt es eine hohe Saugfähigkeit und kann deshalb Feuchtigkeit sehr schnell aufnehmen. Ebenso schnell sondert es diese wieder ab. Aufgrund der langen Fasern ist es sehr glatt und daher schmutzabweisend.

Weiterhin läßt sich Leinen gut waschen und ist daher sehr hygienisch. Es kann ohne Bedenken in die Waschmaschine gegeben werden. Danach trocknet es sehr schnell und ist zudem bügelfest. Auch fusselt Leinen nicht.

SØR Pflegetip

Weißes und buntes Leinen getrennt waschen.

Leinen ist auch dann gut waschbar, wenn es in Mischungen mit anderen Zellulosefasern, beispielsweise Baumwolle oder Viscose, auftritt. Einige wichtige Regeln sind aber dennoch zu beachten.

Weißes und buntes Leinen wird getrennt gewaschen. Weiterhin ist buntes und dunkles Leinen bei der ersten Wäsche allein zu reinigen. Außerdem kann der Waschlauge eine halbe Tasse Essigessenz hinzugefügt werden.

Die Waschmaschine darf nur mit wenigen Stücken gefüllt werden, da so Knitterbildung verhindert werden kann. Eine eventuelle Handwäsche ist deshalb nur in ausreichend großen Behältern durchzuführen.

Anschließend kann Leinenkleidung tropfnaß aufgehängt werden. Sie muß jedoch nicht lange trocknen. Statt dessen ist Leinen in sehr feuchtem Zustand und bei hoher Temperatur zu bügeln. Nur wenn Leinen in Verbindung mit Viscose auftritt, ist eine niedrigere Bügeltemperatur zu wählen. Leinen darf nach dem Waschen nur dann angeschleudert werden, wenn dies laut Pflegesymbol erlaubt ist.

SØR Pflegetip

Leinen sehr feucht bügeln.

Wenn man seine Leinenbekleidung nur kurz aufbügeln will, ohne daß sie zuvor gewaschen worden ist, wird auf ein Bügeltuch nicht verzichtet.

Mikrofasern

Die Mikrofasern zählen ebenfalls zu den synthetischen Chemiefasern, werden hier aber wegen ihrer besonderen Eigenschaften extra aufgeführt. Wegen ihrer Fähigkeit, Feuchtigkeit nach außen, nicht aber nach innen abzugeben, läßt sich dieser Stoff vor allem gut für wetterfeste Kleidung und Sportbekleidung verwenden. Im Allgemeinen kann man die gleiche Pflege wie für Mikrofasern anwenden, jedoch ist bei manchen Stücken, wie z.B. von Goretex und Sympatex Vorsicht geboten. Kleidungsstücke dieser Marken haben um Regen abzuweisen eine empfindliche Membran eingebaut, und dürfen deshalb nur bei 30 °C bis 40 °C mit Feinwaschmittel und ohne Weichspüler gewaschen werden. Man sollte auch hier auf das Schleudern verzichten und die tropfnasse Kleidung an der Luft trocknen lassen.

Schurwolle

Schurwolle ist eine sehr hochwertige Faser, die bei Kälte warmhält und in der Hitze kühlende Wirkung zeigen kann. Wichtig ist es hier auf Qualität zu achten, denn nur das Woolmark- bzw. Wollsiegellogo garantiert die Verarbeitung erstmals verwendeter, reiner Schurwolle.

Um möglichst lange Freude an dieser hochwertigen Faser zu haben, gilt es, die Pflegeanweisungen auf dem Etikett strikt zu befolgen. Diese können – je nach Art der Schurwolle bzw. deren Verarbeitung sehr unterschiedlich sein. Bei der Handwäsche wird das Kleidungsstück bei lauwarmem Wasser – in etwa 40 ° C – mit einem bleichfreien Waschmittel, welches vollständig im Waschwasser aufgelöst sein sollte, erst etwa fünf Minuten eingeweicht und dann durchgewaschen. Strickwaren werden hierbei auf links gedreht und Reiben wird vermieden. Die Kleidungsstücke werden zunächst mit warmem, dann mit kaltem Wasser ausgespült. Wichtig ist es, die Strickwaren nicht auszuwringen, sondern entweder kurz anzuschleudern oder in Handtücher einzuwickeln. Danach wird die Kleidung liegend getrocknet. Von dem Trocknen auf der Leine ist abzusehen.

Seide

Seide ist die edelste, feinste und kostbarste Faser, die es gibt. Ihre Schönheit wurde über Jahrtausende hinweg von keinem anderen Gewebe übertroffen. Seide weist eine ebenso märchenhafte wie faszinierende Geschichte auf.

Am Anfang standen im Jahre 2698 v. Chr. eine schöne Frau und eine häßliche Raupe. Die schöne Frau war eine chinesische Kaiserin namens Hsi-Ling-Shi, die eines Nachmittags an einem Maulbeerbaum eine dicke Raupe beobachtete. Diese spann sich gerade in einem rhythmischen Tanz mit einem selbstfabrizierten, hauchdünnen Faden in ein taubeneigroßes „Seidenhäuschen“, ihr Kokon, ein.

Die Kaiserin war davon derartig angetan, daß ihr der Gedanke kam, aus diesem Gespinst Kleidungsstücke herzustellen. Ihr Gemahl, Kaiser Huang-Ti, hatte offensichtlich Verständnis für die Begeisterung seiner Gattin und ließ sie eine Seidenraupenzucht gründen.

Hsi-Ling-Shi lehrte ihre Untertanen, Maulbeerspinner zu züchten und Seidenstoffe zu spinnen. So entstand in China ein neuer, blühender Erwerbszweig. Die Dankbarkeit und Verehrung des Volkes waren der Kaiserin sicher.

Rund 300 Jahre nach der „Entdeckung“ der Seide als Stoff für menschliche Kleidung durch His-Ling-Shi erwähnte Konfuzius einen anderen chinesischen Kaiser, der großzügige „Seidenhäuser“ errichten und weiträumige Maulbeerplantagen anlegen ließ.

In Europa blieb Seide noch lange unbekannt. Erst im Jahre 100 v. Chr. wurde das wertvolle Gewebe mit Hilfe von Kamelen über die berühmte „Seidenstraße“ ins alte Rom gebracht. Die Reisezeit betrug damals rund fünf Jahre. In Rom wurde die Kostbarkeit aus dem noch unbekannten Land nicht nur mit Gold, sondern oft sogar mit dem gesamten Vermögen eines Bürgers aufgewogen.

Rund 3000 Jahre lang blieb die Seidenherstellung eines der bestgehüteten Geheimnisse des chinesischen Volkes – auf den Verrat stand die Todesstrafe. Dennoch gelang es durch eine List, Kokons und die Herstellungsweise von Seide zuerst nach Byzanz und später auch in den Mittelmeerraum zu bringen. Etwa um 550 n. Chr. begann die Seidenraupenzucht in Europa, die ihre große Bedeutung inzwischen jedoch verloren hat.

Heute wird Seide per Flugzeug in nur einem Tag aus dem Land der „Entdeckerin“ Hsi-Ling-Shi nach Europa gebracht – und nicht nur für Kaiser und Könige, sondern für jedermann.

Seide ist vor allem deshalb angenehm zu tragen, weil sie überaus weich, leicht und anschmiegsam ist. Sie wärmt fünfmal so gut wie Baumwolle und wirkt trotzdem sehr kühl auf der Haut. Überhaupt ist Seide sehr hautverträglich.

Zudem ist Seide sprungelastisch und daher knitterarm. Sie verfügt über die höchste Reißfestigkeit aller Naturfasern, ist nicht mottengefährdet und bietet keinen Nährboden für Bakterien.

Es ist selbstverständlich, daß Kleidungsstücke aus einem dermaßen hochwertigen und kostbaren Stoff einer besonders gründlichen und liebevollen Pflege bedürfen.

Seide ist in ihrem Aufbau unserer Haut verwandt. Daher darf man sich nie mit einem Bräunungsmittel einreiben, wenn man danach ein Kleidungsstück aus Seide anziehen will. Ansonsten würde der Stoff wie unsere Haut reagieren und sich ebenfalls braun färben. Dasselbe gilt für Haarfärbemittel und Farbfestiger, deren Flecken verheerende Wirkung haben können. Sie sind selbst von der besten Reinigung nur schwer – möglicherweise auch gar nicht – zu entfernen.

SØR Pflegetip

Gelangt Parfüm auf Seidenkleidung,
können Verfärbungen auftreten.

Ebenso ist mit Parfüm Vorsicht geboten. Wenn versehentlich etwas auf den Stoff gelangt, können Verfärbungen auftreten. Auch starker Schweiß kann zu Flecken führen – vor allem auf bunt bedruckter Seide.

Kleidungsstücke aus Seide werden nach dem Tragen auf einem Formbügel an die frische Luft gehängt. Je nach Wetterlage ist jedoch darauf zu achten, daß das gute Stück sonnen- bzw. regengeschützt hängt. Seine Lebensdauer kann so enorm verlängert werden.

SØR Pflegetip

Seidenkleidung nie
ins dampffeuchte Bad hängen.

Seide darf dagegen nicht im dampffeuchten Bad aufgehängt werden. Einige Arten könnten krumpfen.

Wenn man seine Seidenstücke für längere Zeit in den Schrank hängt, werden sie nie in einen Plastikbeutel eingehüllt. Luft ist für Seide lebenswichtig. Ein leichter, textiler und luftdurchlässiger Überhang, der unten offen ist, ist vorzuziehen.

Nähausbesserungen – zum Beispiel das Annähen eines Knopfes – sollten nur mit einem Seidengarn vorgenommen werden. Außerdem ist eine möglichst dünne Nadel zu verwenden.

SØR Pflegetip

Buntgemusterte und intensivfarbige Seide
nie selbst waschen.

Intensivfarbige, dunkle und buntgemusterte Seidenstoffe dürfen nicht selbst gewaschen werden. Sie gehören in die Hände eines Fachmanns, also in einen erstklassigen Reinigungsbetrieb. Zweiteilige Kleidung ist immer zusammen zu reinigen, damit keine Farbunterschiede entstehen. Wenn etwas erstmals in die Reinigung gegeben wird, lohnt es sich, einen Zettel mit der Aufschrift „Erstreinigung“ beizulegen.

Nur helle und unifarbige Seidenkleidung kann man selbst waschen. Da Seide wie kein anderes Textilmaterial alle Farben sehr satt aufnimmt, können beim Waschen die Farben von Buntdrucken ineinanderlaufen oder dunkle Farben ausbluten und dabei hellere Besätze verfärben.

Seide darf nur per Hand gewaschen werden. Man wählt ein für das Kleidungsstück angemessen großes Gefäß, damit man die Seide nicht knicken muß. Ansonsten können Falten entstehen. Die Wassertemperatur darf nicht über 30° C liegen.

SØR Pflegetip

Seide in lauwarmem Wasser waschen.

Der Waschlauge wird ein Feinwaschmittel beigefügt – beispielsweise “tene moll”, “tene star” oder “Wollite”. Das Seidenstück wird dann nur leicht bewegt und locker durchgewaschen. Es ist erstens schädlich für die Seide, wenn sie stark gedrückt oder gerieben wird. Zweitens ist es auch gar nicht nötig, da ein gutes Waschmittel die meisten Flecken ohne grobe mechanische Behandlung behebt. Höchstens ein weiches Schwämmchen darf man verwenden.

Seide sollte nie eingeweicht oder länger in der Waschlauge liegengelassen werden. Es ist jedoch empfehlenswert, sie am Ende mit kaltem Wasser, dem man zwei Eßlöffel Essigessenz beigefügt hat, auszuspülen.

Nach dem Waschen kann das Kleidungsstück kurz auf einen Formbügel gehängt werden, damit der größte Teil des Wassers ablaufen kann. Danach ist es ausgebreitet auf einem Frottierhandtuch zu trocknen. Seide trocknet sehr schnell, und so kann die Kleidung schon bald in leicht feuchtem Zustand gebügelt werden.

SØR Pflegetip

Seide leicht feucht bügeln.

Außerdem muß Seide auf links gedreht gebügelt werden. Ein Dampfbügeleisen darf nicht verwendet werden, und das Seidenstück ist nicht einzusprühen. Nähte, Knöpfe und Säume dürfen nicht gebügelt werden, da so häßliche Abdrücke entstehen können. Die ideale Bügeleisentemperatur liegt bei 90° C.

Wolle

Alpaka, Kaschmir, Mohair, Angora, Kamelhaar und natürlich Schafwolle: Dies sind die bekannten Wollsorten. Vorteile der Wolle sind die hohe Strapazierfähigkeit und die Fähigkeit Feuchtigkeit aufzunehmen, ohne dass der Träger diese zu spüren bekommt. Um Verfilzungen zu vermeiden, sollte die Wolle stets schonend gewaschen werden, manchmal sogar per Hand mit einem Wollwaschmittel. Auswringen ist hier zu vermeiden, man sollte die Kleidung höchstens sanft ausdrücken.

Bei der Wäsche mit der Maschine ist der Schonwaschgang zu benutzen und das Schleudern wegzulassen. Wie schon die Schurwolle sollen auch Kleider aus Wolle liegend getrocknet werden. Gebügelt wird diese Faser bei höchstens 150 °C. Auch hier ist die genaue Beachtung der Pflegehinweise vonnöten, da viele Kleidungsstücke aus Wolle nur in der chemischen Reinigung richtig aufgehoben sind.

Stoffe	**Pflege**	**Waschen**			**Bügeln**
		Hand	**Ma-schine**	**Reini-gung**	
Angora	nie wringen oder reiben	ja	nein	ja	nein
Belseta	—	ja	ja	ja	ja
Kaschmir	nie wringen oder reiben	ja	nein	ja	nein
Leder	vor Hitze schützen imprägnieren	nein	nein	ja	ja
Leinen	—	ja	ja	ja	ja
Seide	nur mit Seidengarn nähen	ja	nein	ja	ja

Register

HARDY AMIES
ANZUG UND GENTLEMAN